政协恩施州委员会 | 丛书编著

恩施州传统村落
历史文化丛书

咸丰县
传统村落

政协恩施州委员会　/ 编著
政协咸丰县委员会

华中科技大学出版社
http://www.hustp.com
中国·武汉

内 容 简 介

为促进恩施州传统村落保护，弘扬民族优秀传统文化，助推乡村振兴，政协恩施州委员会组织编纂了"恩施州传统村落历史文化丛书"。《咸丰县传统村落》作为丛书中的一本，详细记述了咸丰县传统村落基本情况以及村落文化遗产、自然遗产、历史事件、家族人物和传统产业。本书语言通俗易懂、简洁优美，并配以丰富的图片，兼具史料性和可读性，是研究咸丰县乃至恩施州民族历史文化的宝贵资料和宣传展示民族优秀传统文化的重要窗口。

图书在版编目（CIP）数据

咸丰县传统村落/政协恩施州委员会,政协咸丰县委员会编著.— 武汉:华中科技大学出版社,2021.11

（恩施州传统村落历史文化丛书）

ISBN 978-7-5680-7668-5

Ⅰ.①咸… Ⅱ.①政… ②政… Ⅲ.①村落文化—介绍—咸丰县 Ⅳ.① K926.34

中国版本图书馆 CIP 数据核字（2021）第 224079 号

恩施州传统村落历史文化丛书·咸丰县传统村落　　政协恩施州委员会　编著
Enshi Zhou Chuantong Cunluo Lishi Wenhua Congshu · Xianfeng Xian Chuantong Cunluo　　政协咸丰县委员会

策划编辑：	汪　杭　陈　剑
责任编辑：	汪　杭　陈　剑
封面设计：	刘　卉
责任校对：	李　弋
责任监印：	周治超
出版发行：	华中科技大学出版社（中国·武汉）　电话：(027)81321913
	武汉市东湖新技术开发区华工科技园　邮编：430223
录　　排：	华中科技大学惠友文印中心
印　　刷：	湖北新华印务有限公司
开　　本：	710 mm×1000 mm　1/16
印　　张：	15.5
字　　数：	239 千字
版　　次：	2021 年 11 月第 1 版第 1 次印刷
定　　价：	998.00 元（共 8 册）

本书若有印装质量问题，请向出版社营销中心调换
全国免费服务热线：400-6679-118　竭诚为您服务
版权所有　侵权必究

丛书编委会

主　　　　任：吴建清　刘建平
常务副主任：张全榜
副　主　任：曾凡培　刘小虎　谭志满
成　　　员：郑晓斌　卢智绘　曾凡忠　刘太可　黄同元
　　　　　　邹玉萍　田延初　张真炎　冯晓骏　郑开显
　　　　　　文　林
主　　　编：张全榜
副　主　编：曾凡培　冯晓骏
特邀编审：雷　翔　贺孝贵　刘　刈　董祖斌　刘　权

《咸丰县传统村落》编委会

主　　任：邹玉萍

副 主 任：黎生华　李方胜　徐子轩　刘玉学　严克远

成　　员：严兴权　张大东　杨平章　李　然　余红文　朱　军
　　　　　　罗志光　徐　奔　吴春梅　肖　明　刘红敏　马　辉
　　　　　　卢　玮　刘延阶　吴　昊

顾　　问：段　超

编写人员：李　然　张大东　田孟清　刘红娟　莫代山　刘安全
　　　　　　王亚辉　严　冬　王才道　字荣耀　梅　娇　冉　文
　　　　　　张柳丹　马晓炜　李文艺　王春阳　张燕丽　王　徐
　　　　　　孙小棠

总序
General Prologue

恩施州传统村落的历史与文化

一

恩施有悠久的历史,早在石器时代就有了原始人的居住聚落。秦汉以后进入溪峒时期,溪峒既是地域特征描述,也是当地的社会组织称谓,相当于当时中原的郡县。但是,溪峒时期及其以前的人群聚落,生产生活方式以"游耕"为主,渔猎采集占较大比重,没有真正形成村落。

关于恩施农耕定居模式的明确记载始于唐代,《元和郡县志》记载,施州领县二(清江、建始)"开元户三千四百七十六,乡里一十六"。这些"乡"是定居农耕人群的管理组织,这种组织机构的建立是朝廷的社区管理进入长江沿岸、清江河谷地区,以及农耕编户聚落即村落形成的间接标志。宋代《元和九域志》记载,施州编户增至"主九千三百二十三,客九千七百八十一",共19104户。

清江县十乡，建始县五乡，还有当时属归州的巴东县有九乡。两宋时期，巴东、建始、清江三县各乡里的农耕村落，与西南"寄治山野"的羁縻州有明显的体制差异，社会组织形态也有明显差异。经制州与羁縻州之间，还设有一批军事围困防守性质的寨堡，寨丁们亦农亦军。羁縻州的下属溪峒与寨堡只是村落的前身，都不是严格意义上的农耕村落。

元、明及清初，恩施进入土司、卫所时代，只有巴东、建始二县的"乡里"仍然延续农耕村落的发展方式。原先的羁縻州与原属州县的寨堡，陆续分合形成朝廷认可的大小30多个土司。土司下设峒寨之外，也有部分设有"里"（农耕村落组织）。施州军民卫是明洪武后期合并施州的政权形式，保留了原有的市郭、崇宁、都亭三里，原有的农耕村落应该也有部分保留。施州卫、大田所广泛设置于今天恩施、利川、咸丰三市县的屯、堡组织，则是军垦性质的农耕聚落，明末清初逐渐转化为村落。

清朝改土归流，流官政府建立，废除了土司政权及其基层社会组织，也废除了土司所有制，包括对当地百姓的人身自由的控制和对山林土地的占有。普遍设置适合农耕定居生产生活方式的"里甲"组织，革除土司"恶俗"，推行符合"礼仪"的民间制度。改土归流的政治、经济和文化改革，给恩施州农村社会带来空前的巨变，其显著特征是：原本存在于府县地区的乡里村落形式，在原本有很大差异的土司地区和卫所地区进行推广，各地村落的组织结构形态逐步趋同。这次社会变革的重要抓手是土地山林的私有化"确权"、无主荒地招垦移民和家族化浪潮。今天村落的形成大多源自这次社会变革，这也是恩施大多数现存传统村落的起点。

恩施农耕社会传统村落的繁荣始于清朝道光、同治年间。据统计测算，当时恩施州内已有二十多万户一百三十余万人[1]，基本都是农业人口。传统村落数量没有进行统计，估算应该不少于一万个。譬如当时的恩施县，《恩施县志》（清同治版）记载，已有编户五万余户三十三万七千余人，分为三里二十五甲，下

---

[1] 恩施州志编纂委员会. 恩施州志[M]. 武汉：湖北人民出版社，1998.

设甲长一千六百五十七名、牌头四千七百五十九名。传统村落的繁荣延续超过百年，一直到1949年中华人民共和国成立。

二

中华人民共和国成立后的土地改革以及随之而来的农业合作化、人民公社运动，颠覆性地改变了传统村落的家族性社区结构，而依附于自然环境的农耕生活模式基本没变，传统村落的外部形态基本延续。

改革开放以来，我们在主动迎接全球化浪潮以求富足强盛的同时，也丢失了许多弥足珍贵的文化遗产。社会文化转型，尤其是在改革开放以来的工业化、城市化发展浪潮中，传统村落建筑及其自然生态、传统乡村生活方式及其文化生态受到极大冲击。我们在享受工业化、现代化成果的同时，却也对蓝天白云、青山绿水和传统文化造成了损害。在反思中寻找和复兴民族优秀传统文化成为全社会的共同追求。

恩施土家族苗族自治州交通相对闭塞，其自然环境和少数民族聚居的社会文化环境，使之产生具有独特生产生活方式和历史文化特色的传统村落。加之几乎与改革开放同步的少数民族自治地方建设及其民族文化抢救保护政策，恩施遭受社会变迁的冲击较缓、较晚，部分传统村落得以保存。尤其难得的是，在部分传统村落中，仍然保存着传统的农耕生产方式和生活方式。传统的人生礼仪、时令节庆仪式，少数民族历史、村落历史和家族历史及其人物故事仍然在传诵。

恩施州传统村落及其文化，曾经得到国内外民族学、文化学学者们的高度关注和赞誉，产生了许多学术研究成果；恩施州传统村落也曾引起文化艺术工作者们的浓厚兴趣，许多优秀作品被创作出来。恩施州传统村落还得到各地"驴友"的追捧；他们远离城市的喧嚣来享受山林乡村的寂静，体验别样的少数民族文化，追寻原始文化遗迹。可见，传统村落是我们的珍贵遗产，是复兴民族优秀传统文化和乡村振兴的重要资源。

三

国家主席习近平强调,"文化自信,是更基础、更广泛、更深厚的自信"。政协恩施州委员会把民族优秀传统文化复兴当作建立文化自信的重要表现,当作恩施州社会建设的重要内容。政协恩施州委员会长期注重本地各民族历史文化资料的收集保存和整理,在完成《恩施文化简史》等历史文化研究著作的撰写、出版之后,又组织各县市政协调查、研究全州尚存的古村落,撰写"恩施州传统村落历史文化丛书"。政协恩施州委员会认为,传统村落是在农耕文化发展过程中逐步形成的,体现了一个地方的传统文化、建筑艺术以及民风民俗,凝结着历史的记忆。对传统村落历史文化的深入调查研究和整理,有着十分重要的现实意义。传统村落是宝贵的文化资源,发掘利用传统村落能为恩施州的社会发展提供坚实的文化支撑;传统村落是地方的历史记忆和社会认知,保存和整理传统村落文化能够更好地满足全州各族人民的文化需求;传统村落还是恩施各族人民适应当地环境、利用地方资源的文化成果,深入挖掘、提炼和传承传统村落文化有利于树立文化自信,更好地建设具有自身鲜明特色的繁荣自治州。

恩施州传统村落的保护工作,开始于 21 世纪初。2009 年,国家民族事务委员会与财政部开始实施少数民族特色村寨保护与发展项目,至 2019 年公示第三批中国少数民族特色村寨拟命名名单,恩施州辖内被选为"中国少数民族特色村寨"的有 49 个。2014 年,国家组织制定传统村落保护规划,在先后公布的五批中国传统村落名单中,恩施州共有 81 个村落被列入中国传统村落保护名单。恩施州曾经拥有数以万计的传统村落,其中基本保持原貌和内部结构的村落仍有上千。从 2018 年开始,政协恩施州委员会会同八县市政协一起策划、编写"恩施州传统村落历史文化丛书",上述"中国少数民族特色村寨"和"中国传统村落"是本丛书主要选录的对象(两者之间有部分重合)。丛书选录并单独编写的代表性传统村落有 98 个,非单独编写的特色村落有 83 个。其中"中国传统村落"68 个,约占据恩施州全部名录的 84%;"中国少数民族特色村寨"30 个,约占恩施州全部名录的 61%。这说明有代表性和典型性是本丛书编写的一个重要特征。

这些传统村落大多远离城市，广布于恩施州八县市的山川密林之中。本丛书编写者一一调查寻访，对村落历史渊源与文化特征的描述不仅来自地方文献记录，更多来自编写者的实地观察探访和居民们记忆口述。这也是这套丛书编写的特征之一。

按照政协恩施州委员会的部署，各县市分卷都采用招标方式确定具体编写队伍，编写队伍大都由长期从事乡村研究的高校专业人员担任，由各市、县、乡文化专家共同组成编写班子。内容的专业性、作者宽广的视野，是这套丛书编写的又一特征。

四

恩施州的传统村落有多种类型，相互之间差异显著。差异产生的原因至少有以下几个：一是经历过不同的发展路径，其文化内涵的民族性、区域性有较大差异。二是处于不同的生态环境。恩施在崇山峻岭之中，河谷坪坝、高山草甸交错，气候物产各不相同，形成差异极大的生产生活方式及相应的居所结构和聚落形态。三是不同的民族文化传统。恩施州是多民族世代共居的共同家园，有世居于此的土家族，也有明末清初陆续迁入的苗族、侗族，还有明初迁入的卫所军户。不同的文化传统产生不同的生活方式，形成不同的民居建筑形式和特色聚落。四是不同的商贸和文化联系。恩施古代社会与外界联系主要依靠通航的河流和盐道，长江、清江、酉水、乌江，加上通向川东的盐道，与湖湘、川东以及贵州有较多的经济、文化联系。外界交往联系附带着人群的移动迁徙，也使相关区域的村落带有浓浓的域外文化特色。

这些多样性特征体现在传统村落的文化内涵之中。传统村落文化可以分为物质文化、制度文化和精神文化三类，具体表现为六种：

一是村落选址及其周边环境。不同民族对于环境与土地资源有着不同的认知。譬如土家族有着狩猎采集和游耕的传统，他们偏爱林间坡地。卫所军户大多来自长江中下游，又有武力支持，占据河谷坝子，建立屯堡。而侗族移民喜欢开发弯曲平缓的小河、小溪等小流域。自然环境不仅是村落文化得以发展的空间，也是村落文化的重要组成部分。

二是生产生活方式。传统村落社会的重要特点之一是自给自足，是在特定的环境空间中建立一个完整的生产生活系统。不同的民族文化传统与不同的地理环境相结合，形成村落各自不同的生产生活方式，这是村落文化生成的基础。传统村落不仅是人们的生活居住空间，还是他们的生产空间。

三是社区结构。传统村落的主体是人，村落成员扮演着不同角色。不同时代、不同民族文化传统、不同生产生活方式的村落，村落共同体的构成有差异。这种差异体现在村落成员的相互关系上，也体现在村落建筑的结构和分布上。

四是习俗体系。传统习俗是乡村社会的文化制度，起到传承历史记忆、规范言行举止和提供善恶准则的作用。主要体现在时令节庆和人生礼仪上，几乎无时无处不在的礼仪和禁忌，很能体现民族的历史文化传统。

五是宗教信仰。村落内部有自然神灵崇拜和祖先崇拜性质的民间信仰。具体表现为除思想观念的信仰外，还有仪式活动和举办仪式活动的场所。

六是文学艺术。主要表现为民间故事和歌谣，还有原本流行于市井的说唱曲艺等类型的民族民间文艺。由于当下社会对非物质文化遗产的重视，原本依附于各种仪式的民族、民间艺术成为传统村落的文化内容。

上述历史渊源和文化内涵，理论上普遍存在于各个传统村落之中。不过，社会发展与转型及其相应的城市化浪潮，已经不可逆转地发生在每个地区，包括文化遗存相对较多的传统村落。今天的传统村落更多只是历史的遗存。因此，我们能够挖掘和保护的历史文化传统，可能只是残缺的碎片，甚至只有历史记忆中非常短暂的片断。

五

如何再现传统村落的历史场景，讲好逐渐远去的传统村落历史与文化故事，是丛书编委会追求的目标。

对于已经选定的某个传统村落而言，首先是梳理村落形成、变迁、繁荣以及衰落的历史过程。不同的历史时期，不同的自然环境，不同的文化生态，会形成不同的村落形态，包括各种物质设施和文化制度。

其次是挖掘保护尚存的历史文化遗迹，包括物质和非物质文化遗产。对文化遗产，特别是民居建筑这类物质文化遗产，当地已经进行了比较全面的调查和保护。对于其他类型的物质文化遗产和非物质文化遗产，还有大量的工作要做。

再次是分析评估传统村落的文化意义价值，特别是时代类型和民族文化类型的代表性意义。评估其价值需要更加广阔的视野，需要站在整个区域甚至整个民族的高度进行评估。

最后是为珍贵的历史遗迹建立系统性的档案，并在村民中形成共识。这是对民族复兴和乡村振兴的文化支持，是保证宝贵文化资源得以开发利用必须要做的，也是进一步挖掘和更好地保护村落文化遗产必须要做的。

政协恩施州委员会长期关注民族历史文化的保护抢救，并充分利用人才优势，不断组织推动各种文化史料的编写出版，"恩施州传统村落历史文化丛书"就是众多成果的其中一项。希望借此为推动民族文化复兴尽一份绵薄之力，为推动乡村振兴贡献一份力量。

"恩施州传统村落历史文化丛书"编委会

2021年10月

前言 Preface

  村落是中华传统文化的根脉。作为人们聚集生活之处，每个村落都是我们咸丰各族儿女在农耕社会的一个缩影。

  我从小就在村落生活，参加工作后也是长期在乡镇任职，我经历过农耕时代、工业时代以及随之而来的信息时代。但在我的记忆里时常浮现的是苏轼笔下"山下兰芽短浸溪，松间沙路净无泥，萧萧暮雨子规啼"的情景，那是我出生的地方，是先人扎根而坚守的故土，是我乡愁所在的地方。

  坐落在武陵山区，在北纬约30°的咸丰县，因鼎盛于明清时代的唐崖土司，历来有"荆南雄镇""楚蜀屏翰"的美誉。1735年土司制度废除后，方建立咸丰县，总面积2523平方千米。它东接宣恩县，西界重庆黔江区，南邻来凤县、重庆酉阳县，北连恩施、利川两市。在这片古老而神奇的土地上，每一座村寨都弥漫着烟火的气息，诉说着人世沧桑，洞悉着人生百态。千百年间，斗转星移，恍如烟云，但不变的是村落的传统文化。村落是咸丰民族文化的承载细胞，负载着数不尽的共同记忆。土家族、苗族、汉族等多个民族的子孙后代在此地生息繁衍。各民族在此地形成相互嵌入式的村落居住格局，共同为咸丰的社会经济发展作出贡献。各民族文化彼此交相辉映，为铸牢中华民族共同体意识奠定了历史基础。

党的十八大以来，习近平总书记多次强调，要建设美丽乡村，"不能大拆大建，特别是古村落要保护好"。在开展新农村建设时要遵循乡村自身发展规律，充分体现农村特点，"注意乡土味道，保留乡村风貌，留得住青山绿水，记得住乡愁"。国家也相应出台《关于加强传统村落保护发展工作的指导意见》《关于在城乡建设中加强历史文化保护传承的意见》，明确指出要注重保持村落历史的完整性，保护各个时期的历史记忆，防止盲目塑造特定时期的风貌，同时注重保护村落价值的完整性，挖掘和保护传统村落的历史、文化、艺术等，防止片面追求经济价值。这些传统村落不仅是中华民族的生产生活家园，也是中华民族共有的精神家园，是延续中华文化和承载历史记忆的载体。

按照这一要求，咸丰县近年来加大对传统村落的保护力度，注重维护整体的文化生态，让传统村落保护既能见物也能见人，不仅保护村落中的老式民居、戏台等古物，同时关注乡村戏曲、休闲游戏、传统节日活动、民俗生活习惯等反映咸丰特点的人文历史要素，还深入发掘口口相传的民间故事、神话传说、谜语、笑话等珍贵资料，力图再现乡村传统道德伦理观、审美情感等精神文化。

咸丰县各族人民在传统村落优美的风景和动人的传说中诗意地栖居。咸丰境内生态条件良好，南边有国家级森林公园坪坝营等高山，西边有独特的二仙岩湿地，北边有星斗山、人头山，中间龙家界、凤凰顶、后山等山峰起伏，再加上洞中有洞、一步一景的黄金洞，层峦叠嶂的奇峰与深谷、溶洞等一起构成咸丰独特地貌环境。而在崇山峻岭之间，龙潭河、忠建河、蛇盘溪、南河、曲江、白家河等河流流经全县，特别是自东向西"倒流三千八百里"的唐崖河，这些河流穿洞穴、过峡谷，将一个个依水而建的村落串联在一起。生活在这里的人们祖祖辈辈都践行着山里人特有的自然保护原则,这才有了咸丰全境森林覆盖率72.64%的生态环境以及"全国造林绿化百强县"的称号。

藏于奇山秀水之中的咸丰传统村落,在自然环境的装点下孕育了各自的特色。盐茶古道上的蛇盘溪村、龙潭河绕村而过的郑家坝院落、一江春水向西流的唐崖司村、坐落于高山云海间的龙家界村、茶园遍布的沙坝村……每一座村落都有自己独特的山居图画。

在生态山水的映衬下,咸丰村落的传统文化显得古老而又神奇,质朴而又迷人。伴随着时光的脚步,古巴人文化、土司文化、土家文化和红色文化在此地汇集,每一个传统村落都是一座宏大的民俗文化博物馆。南剧、地盘子、板凳龙凸显着魅力独特的传统村落文化,哭嫁歌表现出原生态的质朴感情,流传百年的干栏式建筑营造技艺传承着人与自然和谐共存的生态哲理。这里还保存有鄂西地区最大的标准对称性吊脚楼花园建筑,有唐崖土司遗址、龙潭土司遗址、金峒土司遗址,有湘鄂西中央分局大村会议旧址,他们为咸丰的传统村落增添了更多的历史底蕴。

遗憾的是,尽管咸丰先后有8个村落分批列入中国传统村落名录以及5个村落入选中国少数民族特色村寨,但这些深藏大山里的村落依然犹如深巷里的古酒一般并不被外人广泛知晓,更不要说咸丰境内那些尚未纳入中国传统村落名录和中国少数民族特色村寨,但具有浓郁民族特色的其他村落了。

2018年,在恩施州政协(政协恩施州委员会)的统筹安排下,咸丰县政协(政协咸丰县委员会)启动传统村落历史文化调查,会同中南民族大学的各位教授、专家,不畏严寒酷暑,从2019年至2020年分3批次历时3个多月走遍咸丰,并精心挑选出10个有代表性的传统村落以及少数民族特色村寨,力图通过对这些传统村落和少数民族特色村寨的记述,呈现咸丰悠久的历史底蕴和丰富的文化内涵。咸丰县委县政府高度重视这项工作,并安排专项资金给予支持。

县政协编撰此书,希望这些传统村落和少数民族特色村寨能够在民众眼中

"复活"并留下永久印记,为巩固咸丰县脱贫攻坚成果,践行"绿水青山就是金山银山"的生态理念,传承中华民族优秀传统文化尽绵薄之力。

是以为序。

邹玉萍

2021 年 5 月

(作者系咸丰县政协党组书记、主席)

《咸丰县传统村落》编辑说明

"恩施州传统村落历史文化丛书"内容丰富、驳杂,涉及方方面面的内容。《咸丰县传统村落》作为其中的一部,秉承"恩施州传统村落历史文化丛书"统一风格体例的前提下,又具有自身特色的一面。现将《咸丰县传统村落》一书中有些内容加以说明,以使书稿结构、脉络更加清晰明了。

1. 本书坚持以历史唯物主义和马克思主义民族理论为指导,以习近平总书记关于弘扬中华优秀传统文化的重要论述为遵循,全面挖掘咸丰县传统村落历史文化,呈现咸丰传统村落悠久的历史底蕴和丰富的文化内涵,服务于中国传统村落保护工作和新时代乡村振兴工作。

2. 书中关于具体传统村落现在的面积、人口等数据,若没有特别说明,都是2019年的数据。数据提供者为各村村委会。

3. 书中一般采用公元纪年,其他纪年均括注公元纪年。村域整体面积以平方千米(公里)为单位,耕地和林地面积单位为平方米或亩(1亩≈666.67平方米)。长度单位为千米、米、厘米等。

4. 蛇盘溪村、坪坝营镇马家沟村王母洞、清坪镇中寨坝村郑家坝3个村落,凡是咸丰县住建局提供的图片都是 2012 年拍摄的，咸丰县文旅局提供图片为 2019 年拍摄的。唐崖镇（原尖山乡）唐崖司村由咸丰县遗产管理处、咸丰县住建局提供的图片为 2013 年拍摄的。坪坝营镇新场村蒋家花园，由咸丰县住建局提供的图片都是 2014 年拍摄的。高乐山镇官坝村、高乐山镇牛栏界村、高乐山镇龙家界村，凡是咸丰县住建局提供的图片都是 2018 年拍摄的。高乐山镇沙坝村村委会提供的图片为 2019 年拍摄的。所有正文代表性村落的自摄图片为 2019 年拍摄的，第三版块"遗珍"中的图片为 2020 年拍摄的。

5. 提供图片的单位，在图片中都已注明；提供资料的单位和个人在后记中均有提及。

6. 书中人物入选标准为各村自明清以来出现的科举官员、革命烈士、地方头面人物、地方名人、能工巧匠、非物质文化遗产传承人等。

7. 书中涉及新旧地名变化的都已做说明。关于专有名词，需特别说明的已有注释或在文中说明。

目录 Contents

概述 1

走近 11

唐崖镇唐崖司村——荆南雄镇　世遗流芳 12

大路坝区蛇盘溪村——地震遗址　盐茶古道 27

坪坝营镇新场村——蒋家花园　百年乡愁 49

清坪镇龙潭土司遗地——"几"字沿岸　人杰地灵 60

高乐山镇龙家界村——卫所遗珠　卧虎藏龙 76

坪坝营镇方家坝村——众星拱月　古寨丹青 93

高乐山镇沙坝村——千户所里　人文隆盛 107

高乐山镇牛栏界村——高山耕牧　垦殖定居 124

黄金洞乡麻柳溪村——九龙盘踞　桃源仙居 134

高乐山镇官坝村——式瞻清懿　庸行千古 151

遗珍 179

参考文献 221

后记 223

概述

/Gaishu/

  传统村落因其珍贵的历史文化价值、浓郁的乡土特色和独特的民族文化风情，被誉为传统文化的"明珠"和民间收藏的"国宝"。党和国家高度重视传统村落的保护。我国传统村落的保护工作始于 20 世纪 80 年代中期的历史文化名镇名村保护工程。2012 年，住房城乡建设部、文化部（现为文化和旅游部）、国家文物局、财政部等部门组织由建筑学、民俗学、规划学、艺术学、文化遗产学、人类学等学科的联合专家委员会，开始"中国传统村落名录"评审工作。截至 2020 年，我国已评审五批中国传统村落。国家民族事务委员会也从 2009 年开始推进中国少数民族特色村镇保护工作，目前已评选出三批少数民族特色村镇。

  传统村落是各族人民共有的精神家园，是延续区域历史文脉和承载乡愁记忆的载体。咸丰县地处武陵山区腹地，辖 10 个乡镇 1 个区、263 个行政村，以土家族、苗族为主的少数民族占全县总人口的 85%。历史上土家族、苗族和汉族等各族人民筚路蓝缕，以启山林，在崇山峻岭、溪流河谷上建起美丽家园。

  咸丰县目前共有 8 个中国传统村落：2012 年，大路坝区蛇盘溪村、坪坝营镇马家沟村王母洞、清坪镇龙潭土司遗地被列入第一批中国传统村落名录；2013年，唐崖镇（原尖山乡）唐崖司村列入第二批中国传统村落名录；2014年，坪坝营镇新场村蒋家花园列入第三批中国传统村落名录；2019年，高乐山镇官坝村、高乐山镇牛栏界村、高乐山镇龙家界村列入第五批中国传统村落名录。另外，大路坝区蛇盘溪村、黄金洞乡麻柳溪村、高乐山镇沙坝村、清坪镇龙潭司村、忠堡镇马倌屯村5个村入选了中国少数民族特色村寨。咸丰县还有众多尚未纳入中国传统村落名录和中国少数民族特色村寨的具有浓郁民族特色的古村落，也如同璀璨明珠镶嵌在咸丰山水之间。

一、传统村落的形成与分布

咸丰县独特的生态环境孕育出各具特色的传统村落。咸丰县地处恩施土家族苗族自治州西南部，云贵高原东延武陵山余脉与大巴山之间。境内南有坪坝营、天上坪、铜厂等高山，西有二仙岩，北有星斗山、人头山，中有龙家盖、凤凰顶、后山等山峰，群山起伏，层峦叠嶂。独特的地理气候环境，造就了生物的多样性，哺育了各族人民。咸丰县的森林覆盖率达72.64%，是"鄂西林海""华中药库"的重要组成部分，有"天然植物园"之美称。咸丰所产的烟叶、生漆、桐油、茶叶、棕片、黄连、白术、杜仲、厚朴、黄檗等农林特产蜚声海内外。

咸丰县各族人民选择溪流河谷、山间盆地而居，众多传统村落如珍珠般点缀于咸丰县崇山峻岭与大小溪流之间。咸丰县大部分传统村落分布于溪流沿岸所形成的河谷盆地或山间坪坝。全县大小溪流800余条，流域面积在100平方千米以上的有蛇盘溪、青狮河、南河、曲江、白家河、冷水河、龙潭河、龙嘴河、忠建河、龙洞河10条，分属于乌江、清江、沅江三大水系。蛇盘溪发源于大路坝区，经大路坝岩峰窝入黔江县（现为重庆市黔江区）境，境内全长20千米，流域面积221平方千米，沿岸的大路坝、谭家坪等河谷平地，有著名的蛇盘溪村。青狮河发源于活龙坪乡蛮盖，经茅坝、钟塘、龙潭坝、唐崖司入南河，长35.5千米，流域面积296.7平方千米，沿岸有茅坝、龙潭坝等河谷平地，著名的唐崖司村就在南河与青狮河交汇的唐崖河畔。南河发源于大村土槽溪，经小村、泗大坝、唐崖司，至两河口入龙潭河，长65千米，流域面积36.3平方千米，沿岸有田坝、泗大坝、香树坝、屯浦坝、谢家坝等传统村落。曲江是龙潭河支流，发源于坪坝营大溪，经筒车坝、湾田，至丁寨天心孔伏流，由断明峡出口入龙潭河，长31.5千米，流域面积357平方千米。白家河是坪坝营林区最大的河流，河长近20千米，横贯整个林区，向西南流入重庆酉阳县境内，最后汇入乌江。冷水河流域有一座水电站，距离咸丰县城30千米。属乌江水系的龙潭河从利川毛坝入境，境内全长85.9千米，流域面积1964平方千米，海拔高度大部分在800米以下，为全县中部低山地区。龙潭河流域分布着黄金洞乡金峒司，清坪镇太坪坝、龙潭司、中寨坝、田寨河、大河边，唐崖镇两河口、马家坝等古村落。龙嘴河发源于水坝河坝，经晓溪入郁江，境内全长21千米，流域面积126平方千米，沿岸有晓溪、龙嘴河等河谷平地村落。属清江水系的忠建河发源于高乐山柿子坪，经大坝、杨泗坝、老寨、马河坝，至官坝的草坝入宣恩境，境内全长39千米，流域面积239.4平方千米。忠建河流域为咸丰县东南部低山丘陵地区，分布着太平沟、马河坝、沙坝、龙坪、官坝、牛栏界等传统村落。属沅江水系的龙洞河发源于忠堡细皮沟，至氽水洞入来凤县境，长13千米，流域面积123.4平方千米，该流域的河谷平地有明星、三佛庙、马倌屯等传统村落。

咸丰历史上为由鄂入蜀陆路要道。元明清以来，封建王朝修筑的驿道和土司开辟的巴盐古道沿途也形成一批传统村落。清乾隆年间开辟了5条驿道，总长290千米。清道光二十二年（1842年）共有13条通往四川云阳、万县、彭水等地的运盐大道，咸丰县内总长318千米。一批汉族、土家族、苗族人民沿着这些通道披荆斩棘、开拓定居、繁衍生息，形成一批特色村落和集镇。

二、传统村落的历史与文化

咸丰县传统村落处处有历史，步步有文化。咸丰县历史悠久，春秋时期为巴子国地。战国属楚巫郡地，秦属黔中郡，汉属武陵郡，三国、两晋、南朝宋、齐、梁属建平郡，北周时期与今来凤合为乌飞县，属资田郡，隋代与今来凤合为开夷县，属清化郡，唐代属清化郡清江县，五代为羁縻感化州，宋代为羁縻怀远州。元时土司分治，先后设散毛、金峒、龙潭、唐崖诸土司。明洪武二十三年（1390年）割散毛司地之半设大田军民千户所，实行土流兼治。清雍正十三年（1735年）改土归流，并大田所和金峒、龙潭、唐崖诸土司地，设咸丰县，属施南府。

历代土司的经营以及王朝国家的开辟，使咸丰县的传统村落既有鲜明的民族特色，又具有多元文化融汇的特点。咸丰县土家族、汉族、苗族、侗族各民族交错杂处。土家族多数世居咸丰，一部分为明清两代由川东、湘西和黔东北一带迁徙而来。汉族移居咸丰始于明洪武年间，清乾隆、嘉庆年间，抗日战争时期和中华人民共和国成立后迁入更多。咸丰苗族、侗族大部分是改土归流之后清乾隆、嘉庆年间从湘西和黔东北一带，或避水患，或避清王朝镇压逃难而来，逐渐形成了以小村、官坝为代表的苗族聚居区，保存了较为完整的苗族文化；侗族主要聚居于忠堡镇板桥、高乐山镇老寨、龙家沟，以及黄金洞乡五谷坪、清坪镇灯笼寺等地。

因此，今天的咸丰县民族分布格局如下：龙潭河以北因长期由唐崖、金峒、龙潭三土司分治，土家族比较集中，也杂居其他民族；龙潭河以南是各民族杂居区；汉族以龙潭河以南居多。咸丰传统村落无论从人口结构、传统民居、风俗习惯、宗教信仰等都体现了多元文化融汇的特点。如以咸丰最有特色的吊脚楼建筑为例，其造型、格局既有鲜明的鄂西南土家族民族特色，也有众多具有汉文化特点的四合院式天井屋，如坪坝营镇新场村蒋家花园等。而在高乐山官坝苗寨的陆家院子苗族民居里，受汉族土家族文化影响，也将神龛设置于堂屋。

一部分传统村落与土司遗址共生于一地。如形成于唐崖土司遗址的唐崖镇唐崖司村，形成于唐崖司左副司西坪蛮夷长官司遗址的活龙坪乡活龙坪村、唐崖司右副司菖蒲蛮夷长官司遗址的活龙坪乡板桥河村，龙潭司遗址的清坪镇龙潭司村、金峒司遗址的黄金洞乡大悔寨等。

悠久的历史造就了咸丰县传统村落丰富的历史文化遗产资源。在咸丰众多的传统村落中，分布着世界文化遗产1处：唐崖土司城址。省级文物保护单位

5处：十字路风雨凉桥、蒋家花园、严家祠堂、湘鄂西中央分局大村会议旧址、黄金洞硝坑遗址。州级文物保护单位2处：忠堡大捷临时指挥所、尖山民族中学旧址。县级文物保护单位9处：覃门田氏贞节牌坊、斑竹坪胡氏墓、泗渡河清墓、红军洞、金家洞、红卫渠、廻龙塔、苗塔、黎家湾。发现于传统村落收藏于各级各类博物馆的可移动文物类型数量更多，共有藏品1654件，其中国家一级文物3件、二级文物6件、三级文物12件。此外，古建筑、寺庙道观、桥梁、古道等文化遗产不胜枚举，如曲江镇曲江村板桥寺、曲江镇魏家堡村白岩观、小村乡田坝村观音塔、小村乡中心场村川主庙塔、高乐山镇白地坪白帝庙等。

咸丰县传统村落的各族人民具有光荣的革命传统。英勇的咸丰各族人民积极投身近现代反封建革命斗争。清朝末年，大路坝的中国同盟会成员温朝中和蛇盘溪村的黄玉山等发起组织革命武装团体——铁血英雄会（后改名"湘鄂川黔铁血联英会"）于1910年12月发起"黔江庚戌起义"。温朝中和黄玉山等人领导的武装起义开启了辛亥革命的前奏曲，比辛亥革命武昌起义还早10个月。新民主主义革命时期，咸丰县是中国共产党领导的湘鄂西和湘鄂川黔革命根据地的一部分。革命的战火在这里留下了众多红色遗产：大村会议旧址、忠堡大捷战场遗址、龙潭司起义遗址、黑洞神兵遗址等。这些遗址在革命根据地的发展和建设上具有划时代的意义。这里更留下了革命领袖贺龙及其领导的红军的足迹。小村乡大村村是贺龙"三进三出"的根据地，官坝村苗寨陆家大院也是贺龙3次驻扎过的地方，蛇盘溪村有众多红军关卡，也有贺龙同志拴马的柳树和众多关于贺龙及红军的传说。

传统村落是咸丰县非物质文化遗产存续和发展的重要文化空间。流行于传统村落的非物质文化遗产口头文学特别发达，有土家方言、善书等民间文学。传统音乐有土家情歌、坐丧鼓、吹锣鼓、花锣鼓、薅草锣鼓、石工号子。传统舞蹈种类繁多，有地盘子、龙舞（板凳龙）、草把龙、绕棺、采莲船、灯舞、道场、莲湘等。传统戏剧傩戏、南剧，曲艺干龙船、咸丰扬琴、渔鼓、三棒鼓等既有汉族文化元素，又有土家族和咸丰地方特色。现存的南剧、傩戏、渔鼓、三棒鼓等来源于汉族地区，经过数百年的发展，这些戏曲已经带有鲜明的鄂西南地域特点和土家族民族特色。传统技艺类的土家族吊脚楼营造技艺、油茶汤制作技艺、竹编、彩扎、神豆腐，传统美术类的民间绣活、木雕、尖山石刻、咸丰何氏根雕，传统体育板凳拳、高台舞狮、踩高跷，传统医药类的严氏眼科中医疗法、刘氏妇科，传统习俗土家婚俗、土家年俗等，都是鄂西南非物质文化遗产的代表性项目。

目前，存续于咸丰传统村落的国家级非物质文化遗产代表性项目有2项：土家族吊脚楼营造技艺、南剧。省级非物质文化遗产代表性项目有14项：地盘子、板凳拳、咸丰何氏根雕、民间绣活（土家族苗族绣花鞋垫）、油茶汤制作技艺、严氏眼科中医疗法、龙舞（咸丰板凳龙）、绕棺、咸丰草把龙、吹打乐（坪坝营镇唢呐）等。州级非物质文化遗产代表性项目有25项，县级名录有41项。有国家级代表性传承人2人，省级代表性传承人12人（去世1人），州级21人，县级129人。有省级民间文化艺术之乡1个，县级7个。有州级民间艺术大师6人。

三、传统村落的经济文化类型、价值及保护

咸丰县的传统经济是典型的山地农耕经济。清代改土归流前，咸丰村落的农耕方式主要为刀耕火种，"火耕水耨，民食鱼稻，以渔猎山伐为业"，山区遍布"火畲田""雷公田"等，作物以土豆、玉米等杂粮为主。除刀耕火种外，土家族等民族兼事狩猎，土家族俗谓"赶仗"。清改土归流后，由于汉族人口的迁入和犁牛耕作方式的传入，山地被大量开垦，水稻种植面积大大增加，但高山、半高山地区仍以种植杂粮为主。改革开放以来，鄂西南大量引进现代农业方式，发展茶园和旅游观光农业，耕作方式的现代化程度大大提高，农业生产水平大幅提升。

传统村落的经济文化类型为以山地农耕为主、渔猎为辅的复合型文化。生产方式以旱地作物种植为主；聚落空间以借山势而建的吊脚楼组成的村寨为主；日常用具善于利用山林资源，以竹木加工为器物。咸丰人在长期的农耕、渔猎

生产生活中形成了一套适应农业生产和生活需要的生产生活用具、礼俗制度、祭祀活动和民俗活动等农耕文化。以农为本、安土重迁成为咸丰传统村落的文化共性。

咸丰县传统村落具有重要的历史文化价值。诞生于土司遗址的唐崖司村、龙潭司村、活龙坪等是咸丰土司历史文化的重要遗存。唐崖司村的唐崖土司城址被称为湘鄂渝黔交界地区迄今保存最完整、单体规模最大、地面遗存类型最丰富的土司城遗址，2015年7月被联合国教科文组织列入世界文化遗产保护名录。唐崖土司是元、明至清初时期鄂西"九溪十八峒"土司之一，咸丰三大土司之首。唐崖土司城址是西南少数民族地区最为典型的古文化遗存，城址内既有物质文化遗产，又有非物质文化遗产，为研究咸丰土司制度文化、家族文化、政治文化等多元一体的土司文化提供了重要的依据。大田千户所地区的汉族村寨以及官坝地区的苗族村寨，忠堡镇板桥，高乐山镇老寨、龙家沟，黄金洞乡五谷坪，清坪镇灯笼寺，活龙坪乡水坝、茅坝等侗族村寨等反映了清改土归流后鄂西南地区移民史以及各民族在咸丰县交往交流交融的历史。

咸丰县传统村落家族文化浓厚，良好家风、文明乡风世代相传，对今天乡村社会治理和乡风文明建设具有重要价值。历史上，咸丰县土家族大姓覃、田、黄、向、冉、秦，苗族大姓白、陆、杨，侗族杨、吴、姚、龙、谢等在历史上以忠孝为上，保家卫国，人才辈出，彪炳史册。村落民间保存的大量清代官府旌表乡贤的匾额、家族编修的族谱、严家祠堂、村民共立的乡规民约等无不是传统村落良好家风和乡风文明的见证。与吊脚楼相关的"看风水""拜山神""祭鲁班""砍梁木""说福事"等众多民俗事象在娱神娱人中潜移默化，教化民众。传统村落中的优秀家风文化内涵深厚，在凝聚人心、教化群众、淳化民风中起着重要作用。

传统村落的古建筑具有很高的艺术价值。咸丰县被著名建筑学家张良皋教授誉为"干栏之乡"。全县现保存完好的土家族吊脚楼群有100多个，单体吊脚楼房屋上万栋，约占民居总数的15%。主要分布在唐崖河沿岸的各个乡镇90%的行政村；重点集中在唐崖、高乐山、黄金洞、小村、曲江、活龙坪、坪坝营、大路坝、清坪等地。著名的吊脚楼群有高乐山镇水井坎吊脚楼群、黄金洞乡麻柳溪黎家湾吊脚楼群、麻柳溪梅子溪吊脚楼群、清坪镇向家老宅吊脚楼群、小村乡田坝苗家院子、大路坝区蛇盘溪茶林堡吊脚楼群、坪坝营镇王母洞吊脚楼等。咸丰现有吊脚楼工匠800余人，比较有影响、有成就的至少200人。

吊脚楼营造技艺是中国传统木结构建筑营造技艺的重要组成部分。吊脚楼的屋基选址、备料、立屋、装饰都有完备的程序和不同的技法。吊脚楼根据地形特点大胆利用木柱做支撑，形成半悬空的干栏式建筑，以克服咸丰山多、坡陡、平地少的地形特点，使吊脚楼成为防潮、采光、功能多的理想居所。木马、高杆、发锤、巾带、金栓等建造工具由工匠就地取材，临时制作。穿斗式的房屋构架以及"冲天炮""翅角挑""伞把柱""美人靠"等特殊构件的制作和运用，使吊脚楼的内部空间层次更加丰富、外观形式更加多样、轮廓更加婀娜多姿。屋基"磉礅"（柱础）雕刻精细，花纹多样，图案美丽；楼宇三面环廊，壁板光亮；花窗古朴，廊栏秀雅；屋顶青瓦覆盖，檐角飞翘，气韵流丹。吊脚楼厢房飞檐翘角，气势挺拔而清明，楼内可作家中闺女或年轻夫妇的住处，独具特色的龛子、思檐不仅美观，还可纳凉观景、晾晒衣物，形成一道独特的风景。吊脚楼造型简洁优美，装饰清新朴素，窗棂镂空雕刻精美典雅，建筑布局高低错落有致，无论从单体建筑艺术还是村寨整体生态布局，均具有很高的艺术价值。

咸丰南剧是湖北省四大地方剧种之一。南剧声腔包括南、北、上路声腔，兼有部分昆曲和高腔，曲调高雅、婉转、优美动人；脸谱和服装道具制作讲究，色彩鲜艳。咸丰根雕造型奇特、雕刻精湛。三棒鼓、吹锣鼓、花锣鼓、薅草锣鼓、石工号子、土家情歌等传统艺术，热情高亢、淳朴自然，具有浓郁的乡土艺术气息。

传统村落具有多样的科学价值。咸丰县传统村落的选址及其山水农林资源的利用，蕴含着高超的生态智慧。土家族苗族等各族人民注重依山而建，讲究山水龙脉的吊脚楼营造，其构造复杂、技艺难度高，充分利用力学原理，牢固结实，构建计算精确，蕴含丰富的建筑科学信息。传统医药严氏眼科、刘氏妇科等民间传统知识是中国传统医学的瑰宝。坝漆、桐油、茶叶等地方优良农作物的选育，神豆腐、油茶汤等食品的制作，也是咸丰各族人民重要的农业科技成果。非物质文化遗产是咸丰历史上不同时期科学技术、创造能力和知识水平的反映，其中蕴藏的科学原理和智慧还有待进一步挖掘。

传统村落是铸牢中华民族共同体意识的重要载体和平台。咸丰县地处楚蜀之间，巴文化、楚文化、华夏文化在这里融汇，各民族在这里交往交流交融，形成了土家族苗族汉族文化为主体的多元文化共生的文化生态。众多村落中土家族、苗族、汉族、侗族和羌族共同居住共同生产生活，守望相助，情同手足。建筑、节日、民间文学艺术、宗教信仰、人生礼仪等成为各民族共享的中华文化符号，是打牢中华民族共同体思想基础的重要资源。在多民族共居的传统村落中，各族人民和睦相处、同舟共济、和谐发展的佳话是民族团结进步教育的宝贵资源。

传统村落丰富的文化资源和独特的自然景观和人文景观，是今天咸丰县实施乡村振兴战略、巩固脱贫攻坚成果、实现全域旅游发展、进行优秀传统文化保护、传承与文化生态保护区建设的重要资源。咸丰县高度重视传统村落的保护，不仅积极申报国家、省、州等各级各类传统村落和少数民族特色村寨等保护项目，而且投入资金，编制传统村落保护发展规划，从古民居保护与改造、人居环境改善、非物质文化遗产保护传承、旅游开发、乡村特色产业发展等各个方面全面推进传统村落保护与建设。麻柳溪、官坝苗寨等成为传统村落保护与发展的典型。一批村落融入世界文化遗产唐崖土司城址、坪坝营国家森林公园、黄金洞旅游景区、唐崖河风景名胜区等的主要旅游线路。2019年，恩施土家族苗族自治州通过了《恩施土家族苗族自治州传统村落和民族村寨条例（草案建议表决稿）》，传统村落和特色村寨保护与建设进入法治轨道。古老的传统村落必将重新焕发出迷人的光彩。

走近

/Zoujin/

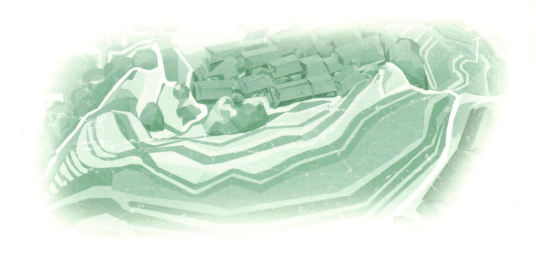

唐崖镇唐崖司村
——荆南雄镇 世遗流芳

唐崖司村是与世界文化遗产唐崖土司城址共生的一个古村落,并于2013年入选第二批中国传统村落名录。唐崖土司城址是中国第48处、湖北第3处、恩施州唯一一处被列入《世界遗产名录》的遗址。它位于咸丰县城西北约28千米处的唐崖河畔,曾经是咸丰著名土司覃氏土司的治所,全境占地为74万平方米,被誉为"荆南雄镇",并有"小故宫"之称。鼎盛时期的唐崖土司城有三街十八

唐崖司村全貌（唐崖土司城遗址管理处供图）

巷三十六院落，至今格局清晰可见。官署建筑、碑刻牌匾、土司墓群、印章、文献、土司谱牒等是土司物态文化遗产的代表；承袭、朝贡、文教以及赋税是土司制度文化遗产的体现；土司内部治理的官职、军事、刑罚等，土司的反叛与效忠以及土司的相关习俗是土司行为文化遗产的表达；相关的信仰与流传的民间故事则是遗址文化遗产的诉说。正是因为这些珍贵的历史文化价值，2015 年 7 月，唐崖土司城址在德国波恩召开的联合国教科文组织第 39 届世界遗产委员会会议上被成功列入《世界遗产名录》。

一、土司故园

唐崖土司城址位于唐崖镇唐崖司村唐崖河西岸。元代，覃一世祖覃启奉中央王朝的旨意镇抚当地居民并驻守此地，因此修建象征地方权力的衙署来进行统治。元朝至正年间，覃启处送开创唐崖土司城。明朝洪武年间，唐崖土司叛乱被平，治所废毁。明永乐四年（1406 年），第四任土司覃忠孝奏请朝廷重新设立唐崖长官司，并"请建官府"，得到认可，唐崖土司治所复建。明天启四年（1624 年），因平定"奢安之乱"有功，明朝敕建的"荆南雄镇"牌坊落成。随后，唐崖土司城以三街十八巷为主体的格局逐渐形成。清雍正十三年（1735 年）改土归流，唐崖土司城废弃，第二年清政府在司城内设唐崖通判署。后来，部分居民房屋修建在唐崖土司城遗址上，形成了唐崖土司城址与唐崖司村共存的情况。唐崖土司城址一直受到当地政府重点保护,从 1986 年纳入县级文物保护单位开始,到 2006 年,被国务院纳入全国重点文物保护单位。对唐崖土司城址的历史文化深入挖掘,是一个长年累月的过程,它不仅包含历史、艺术等价值,更为重要的是它承载着个人或集体对历史、自然、建筑环境、文化的认知和记忆,而且蕴含着人类历史交流的普遍价值。

唐崖土司城遗址(唐崖土司城遗址管理处供图)

唐崖司村四方的山以中国传统文化中的"四象"命名,西为玄武山,东为朱雀山,北为白虎山,南为青龙山。远处群山犹如万马奔腾之势集中于玄武山脉,名曰"万马归朝"。同时,村落南面五条山脉汇聚一处,称"五龙归位"。整个村落隐于幽幽青山之中,独特而神秘。吊脚楼隐于青山烟雨翠竹旁,独有意趣。村内拥有多处人文、自然景观。青狮峡的景色苍郁连绵、碧绿澄澈;神仙崖悬棺蕴藏着悠久的巴人文化;简槽沟溶洞群则是纵横交错、宛若迷宫。

土司城总体布局以上、中、下街道形成的"Z"字形折线为主线,主线之上分布衙署区、大寺堂、土司坟等礼制性与宗教性建筑,主线之下建造土民的生活区、经济区等，形成尊卑有序、主次分明的城市建筑格局。经过岁月的累积与发展，唐崖司村形成了当地独特的农业生产生活习俗。唐崖司村坐落于青山腰处，四周被碧波林海围绕。科学的排水系统让当地村民一直以山水为饮，丰富的森林资源为村民提供生活取暖的柴火，肥沃的土地维持着村民自给自足的生活。他们使用锄头、镰刀、风车、犁头、耙、扁担、箩筐、打谷机等来进行农作物种植与收割，饲养黑猪等牲畜，种植茶叶、烟叶。每逢农历初三、初六、初九，村民就会把自己剩余的苞谷、土豆等农作物拿到尖山寺（今唐崖镇老街）赶集交易。饮食常以稻谷、苞谷为主食，杂以洋芋。菜肴偏酸辣，喜合渣、腊肉等，酷爱喝油茶汤。

唐崖土司城荒废后，逐渐形成了唐崖土司城址与唐崖司村共存的状态。在原土司城址范围内有99户305人，分为四组，村民主要以土家族为主，多为覃姓，但并不是本地最早的居民。覃氏始祖应中央王朝的征调，带领军队迁徙此地，至今700多年。除开覃姓之外，还有张姓、章姓、何姓以及其他人数较少的姓。村中张姓与唐崖土司招驸马的故事有着紧密的联系，章姓由大河口迁来此地，何姓大约是同治年间迁徙而来。其余的姓氏是在土地革命时期分别从贵州、江西等地迁徙此地。

唐崖河"岸转涪江，倒流三千八百里"，在唐崖司村前缓缓流过。唐崖河是唐崖土司城址正面的天然防御屏障，也是历史上唐崖土司重要的出行通道。唐崖河与龙潭河汇合后，流入黔江境称阿蓬江，在重庆市龚滩古镇流进乌江，然后在涪陵汇入长江。唐崖河自东向西而流，因为出现回流，人们也常常以它来衬托思乡之意。在陆路不便的年代，唐崖河是通往外省的重要路径。不管是土司行军打仗，还是商业交流，都需要通过唐崖河的运送。

二、文化遗产

唐崖土司城址是土家族首领认知环境、适应环境、建设家园、治理地方的重要文化物证，其中蕴含着丰富的历史文化内涵。

土司印信 印章在过去视为取信之物，分为官印与私印。历代官印，形状、大小、印文、纽式也有差异。土司印信由朝廷颁发，是权力的象征。

唐崖土司城址出土了两枚唐崖长官司印和一枚永宁卫千户所百户印。一枚唐崖长官司印是清康熙十三年（1674年）唐崖土司十四世祖覃鉉投靠吴三桂被授的印信。该印为铜质方形印，重675克。印面6.9厘米见方，厚1.2厘米，柄长8.2厘米。印面阳文篆书"唐崖长官司印"六字，印背面右边阴刻楷书"唐崖长官司印"，上方"礼曹造"，左边"周元年十二月"，印的左侧边缘阴刻行书字"第叁百四十四号"，钮为扁圆形，背面平整，印文面略凸突。另一枚为清廷所授。亦为铜质方形印，重1100克。印面7.1厘米见方，厚1.8厘米，柄长7.5厘米。印面阳文篆书"唐崖长官司印"六字，背面无文字。

永宁卫千户所百户印是明朝设立永宁卫时颁发的。十二世唐崖土司覃鼎在平定永宁宣抚使奢崇明叛乱时缴获此印。这块印信是唐崖土司军功卓著的重要物证。印为铜质方形，850克，印面7.2厘米，通高8厘米，印钮为梯形，长6.5厘米，印面阳文篆书"永宁卫千户所百户印"，印的左侧边缘阴刻有"於字二十五号"，印背面右边阴刻楷书"永宁卫千户所百户印"，左边阴刻楷书"礼部造洪武五年十一月□日"。

"荆南雄镇"牌坊 牌坊是封建王朝为表彰有功勋、忠孝、德政之人所建立的纪念性建筑物。"荆南雄镇"牌坊为全石建筑，位于上街、中街转角处上方，是衙署建筑群中轴线的起点，通高7.15米、面宽8.4米。牌坊以四石柱为支撑，石柱前后有相撑的抱鼓石及石狮子一对。石狮子现仅存一个。牌坊整体结构为三门三楼仿木构建筑，石顶上刻筒、板瓦，飞檐翘角，斗拱、石壁穿插处榫卯相融，匠心独运。上、下额枋中间的石匾两面分别阴刻"荆南雄镇"和"楚蜀屏翰"；两侧刻有题记，东面为"钦差总督四川兼湖广荆岳郧襄陕汉中等府军务策授总粮饷巡抚四川等处四方兵部左侍郎兼都察院乃金郡御使朱燮元为"；西面为"湖广唐崖司征西蜀升都司金事兼宣抚司宣抚使覃鼎立天启四年正月吉旦"等字。上、下额枋与次间额枋上，刻有神话故事、人物图案，如"土王出巡""渔樵耕读"以及花卉装饰等图。

荆南雄镇牌坊是唐崖土司英勇善战的历史见证，也是唐崖土司城址标志性建筑。"荆南雄镇""楚蜀屏翰"八个大字概括了唐崖土司城址全部的精神内涵。唐崖土司城址地处楚蜀重要的军事要塞，具有重要的战略地位。牌坊的两面有丰富的浮雕图案，内涵深远，有汉文化中的"渔樵耕读""魁星踢斗，独占鳌头"，也有土司政治生活中的"土王出巡"，体现了土司对中华文化的向往和对中央王朝效忠的情怀。牌坊背面雕刻"槐荫送子"，体现了土司对后代子孙生生不息的美好愿望。

张王（桓侯）庙 张王庙又称桓侯庙，位于唐崖土司城址东北部，明万历年间由覃鼎夫人田氏主持建造。清乾隆八年（1743年），第二任唐崖通判岑映奎主持修葺，嘉庆、咸丰、光绪年间在唐崖把总（官名）的主持下又屡次修缮。

咸丰土家族对三国蜀汉名将张飞非常崇拜，把张飞视为保护神。每年杀猪之后，都要到张王庙进行祭祀。据传，过去农村杀猪时间相对集中在冬月和腊月，张王庙专门装剩肉的缸经常是满的，可以向前来拜祭的人出售。尖山（今唐崖镇）老街一带的土家族除杀猪时要到张王庙祭祀，春节时也要到张王庙、禹王宫拜祭。

张王庙是中轴对称的形制，自东向西分别为山门、马殿和拜殿，共分三进，目前保留最完整的是石人石马。石人的整体造型符合人体的基本比例，头戴盔帽，身穿藤甲，庄重威武，手握土家族油纸伞，配短剑防身。所谓巴人佩剑，"一寸短一寸险"。石马分为一公一母两匹：左边为公马，高2.38米，长2.8米，刻

张王庙石人石马（唐崖土司遗址管理处供图）

有铭文"万历辛亥岁季夏月四日良旦,印官覃夫人田氏修立";右边为母马,高2.08米,缰绳上刻有"万历辛亥岁季夏月廿四日良旦,峒主覃杰同男覃文仲修立"。两匹战马用常规的倒三角形进行构图,突出其厚重稳健。整个动势栩栩如生,体现了艺术性与科学性的完美结合。石马虽历经风雨侵蚀,但其鞍、蹬、缰、辔等技术构件都保存较为完好,身上的莲花和麒麟仍然生动细致。庙内马殿右侧围墙上,留下七通碑刻,记载清乾隆年间改土归流以后和清末光绪年间两次重要的维修情况,其中"公颂重新"碑、"重修张王庙碑记"碑、"万古不朽"碑保存尚好。

张王庙引来无数咸丰文人凭吊。清咸丰年间咸丰县袁采臣曾为张王庙做联二副:一联为"百里雷霆驱石马,万山风雨舞泥龙。威名赫赫修千古,日月荡荡播万年";一联为"凛凛威风垂万古,昭昭大义播千秋"。

大寺堂 大寺堂是土司与族众礼佛场所。它位于唐崖土司城西北方,衙署左侧,采石场西部,为土司夫人田氏所建,民国时期废毁。建筑格局略呈长方形,东、南、北三面设有院墙,西面以山崖为界,占地面积约600平方米。根据现有五级台地及遗存分布情况判断,其空间布局类似于汉族地区的佛寺,由放生池、山门、前殿、大雄宝殿、法堂、藏经阁等构成。特别是放生池等遗存,形制、结构清晰。寺内曾发现刻有"大寺堂"铭文的石构件,寺左侧有民国时期石砌僧人墓一座。寺内曾有庙联"大寺传千古,千家有幸千家福;唐崖镇八方,八德无亏八洞仙"。

吊脚楼民居 吊脚楼是土家族人栖居的住所,多依山而建就势而取,呈虎坐形,以"左青龙,右白虎,前朱雀,后玄武"为最佳屋场并讲究其朝向。唐崖河东岸的刘家大院吊脚楼群错落有致,半藏于青碧之间,袅袅炊烟,流水潺潺,别有一番幽静逸趣。吊脚楼建造之前尤其体察周围的山川河貌,不仅需要选择山作为倚靠,其内部塑形十分突出空间宇宙观。这种生死观、空间宇宙观在土家族上梁仪式歌中表现得十分明显:"上一步,望宝梁,一轮太极在中央,一元行始呈瑞祥。上二步,喜洋洋,'乾坤'二字在两旁,日月成双永世享……"这里的"乾坤""日月"代表着宇宙。从某种意义上来说,土家族吊脚楼是土家人对生死的寄托。

土王墓 古墓群位于土司城西北角。土司墓建于明洪武初年，墓主是第二代土司覃值什用，它的规模最大，雕刻最为精美。墓葬形制为半地穴全石仿汉地四开间殿堂式，重檐无殿顶，雕有柱、枋、斗拱、屋檐、鸱吻等仿木仿瓦构件，内有石砌椁室四个，整石合成，后有壁龛，室间雕饰钱纹小格窗，廊顶雕刻圆形藻井，墓前设有"八"字形祭台，石板铺地，前有三级台阶相连。"八"字形祭台的围栏上刻有狮子与猴子。它彰显着土司权力的崇高。墓内雕有花草、瑞兽、团花、云纹等图案，建造华丽、雕工精美，代表了同时期石雕工艺的艺术水平。

田氏夫人墓建于明崇祯三年（1630年），墓主为第十二代土司覃鼎夫人田彩凤。墓前立有石碑一通，高1.9米，碑面阴刻铭文"明显妣诰封武略将军覃太夫人田氏墓"，左题"孝男印官宗尧祀"，后题"皇明崇祯岁庚午季夏吉旦立"。碑前立有牌坊一座，通高3米，四柱三开间，前后均有抱鼓相撑，造型简单，无雕饰花纹。匾额阳刻楷书"万古佳城、乾坤共久"八字。

覃鼎墓位于唐崖土司城内西北角，田氏夫人墓左侧100米处，东距大印塘约50米。为封土墓，坐西北朝东南，平面呈馒头形，封土底径约3米，高约1.7米。封土正面立碑，碑两侧设抱鼓石，呈"八"字形布置。碑文阴刻楷书"武略将军覃公讳鼎之墓"，款"孝男覃宗尧祀""庚午岁季春吉旦"。碑帽为悬山式，凿有瓦纹。碑座为须弥座式，刻有卷云纹。覃鼎为唐崖土司鼎盛时期的首领，然其墓形制简单，规模与身份明显不符，且小于其夫人之墓，值得探究。

街市与巷道 唐崖土司城鼎盛时期有三街十八巷三十六院落，道路看似繁杂却有规律可循，排水虽纵横交错却有科学体系。

唐崖土司城的道路体系由主干道、三纵三横次道以及数十条巷道组成。主干道自南向北依次分为上、中、下三街，全长800余米，路面宽1.5～2.7米，条石铺砌，为城址内保存最完好的道路遗存；次干道由东西向第一、二、三下河道及南北向第一、二、三横道组成，宽1～1.7米，块石铺砌；数十条巷道位于主次干道之间，块石铺砌，窄于次干道，为分割院落，连接主次干道的基本通道。

唐崖土司城址由于气候湿润，降水较多，城内必须修建防洪工程，城内排水系统纵横交错，纵向水沟分为第一下河道、第二下河道、第三下河道边沟，直通唐崖河，三条主要边沟较宽，为明沟；横向水沟为主干道和横道边沟，宽度较窄，或明沟或暗沟，为辅助排水，先汇集一侧然后排向纵排水沟或天然沟壑内流出城外。暴雨季节时，可以利用贾家沟、打过龙沟和碗厂沟将洪水顺势排到唐崖河。唐崖土司城址的排水系统并不是一次而成，而是经过几百年的修改逐步完善。

唐崖土司城址三街十八巷的布局与排水系统，科学地应用山体自然海拔高差，并且依山采形，就水取势，使得各个通道、水沟主次分明，功能分明，突出唐崖土司依恋自然、尊重自然、顺应自然、因地制宜改造自然的独特特征。

古井 水井是城市和聚落最重要的生活设施和标志性空间。据民间传说，唐崖土司城当年共筑有48口井。目前已调查确认有十余口，大多还在继续使用。一般位于道路的尽头或路内侧的陡坎处。平面形状基本为方形，底部铺砌石板，四壁均用规整的石块砌成，井沿外一般有一个石砌平台。

位于小衙门西北角的水井体量最大，最为完好。该井为长方形竖穴井，井口平面略呈方形，边长约1米，深0.7米。沿井口设有台阶便于打水。井台西侧建有一石块垒砌的土地庙，亦用较为规整的石块修砌，边长约1.3米，高约1米。为保障水源的卫生，外围有一圈石墙，边长约2.8米，高约0.5米，根据形制判断，原应设有井亭。为保持水位，避免丰水期井水四溢，井口底部有一近长方形排水孔与外部暗沟相连。

夫妻杉与神树 玄武山被当地人视为龙脉，山上有两棵绿盖如阴的古杉，相距约7米。一棵树围为4.75米，高41米；一棵树围为4.7米，高38.5米，冠高总长约21米。这两棵树是土司覃鼎与田氏夫人一起栽种的，一雌一雄，一刚一柔，一叶如针，一叶细软，寓意"百年好合"，故称之为"夫妻杉"。"夫妻杉"的树根绑有众多红色布带，因为夫妻杉在人们眼中是给人美好、平安成长的神树。在夫妻杉的左下方，有一棵枝叶繁茂的枫香树，它是两棵杉树的"媒人"。传说枫香树的树根深处有"神水",常年不枯竭,可以治愈风湿、红疹。

桥上桥 桥上桥是唐崖司土司遗址现存最古老、最完好的一座小石桥,至今依然发挥着作用。石桥横跨水沟,桥身由大石板砌凿而成,高约3米,长4米,宽2米。桥面分为上下两层,中间用石块衔接,形成一桥两面的形状,故称"桥上桥"。

城墙 唐崖土司城的东面、北面和南面大部分地方修建了城墙(又称外城墙),在其北面和东北面还修建了内城墙。城墙以自然石块稍微加工后垒砌而成,现大多可见,

夫妻杉(唐崖土司城遗址管理处供图)

高度保持在1米以上。其中,临河一面保存最好,高达2.5米,现存城墙基宽3.2米。在城的东门处,原有的城楼基础墙体远远大于城墙的宽度,现残宽6~7米,可明显看出是城门楼的基础,现东城墙残长150米。

群猪下河 遗址北端有一处采石场,里面怪石嶙峋,呈现摇摇欲坠的姿态。就采石场而言,它的名称还发生了一些争议。据祖辈相传,称呼这个地方为"群猪下河"。它的由来还得从山地黑猪说起,黑猪是唐崖司村一带主要的家畜,有时猪瘟肆虐,老百姓束手无策。相传张王庙中供奉的三国蜀汉名将张飞过去是屠夫,可以为村民去除猪瘟,所以每年就会有人带着猪头来供奉张飞,因此,那里就叫群猪下河。

盐茶古道 土司世代为了发展对外物资交流,用土司属地的桐油、茶叶、苎麻、生漆等农产品,以及珍贵林木销往山外,来获得食盐等生活必需品。唐崖土司修筑了一条通达川鄂的盐茶古道。盐茶古道从唐崖土司开始,经过坟坝坪、

冒火山、麻溪沟、燕槽、铺子㘭、小水坪、鸡爬坎、野猪道、岩峰窝、九盘岭、大路坝、板甲溪、梅子关、老黄溪、白石关、五里峡，到达郁山镇，陆路全长约200千米。然后，走郁江水路到外河（重庆、涪陵、万州一带）。如今盐茶古道在岁月中渐渐埋没，但唐崖司村村民依然坚守着茶文化的传统。随着交通的便利，科技的飞速发展，茶叶的销售形式已经发生了巨大的变化。当地以唐崖土司文化遗产为依托，汲取历史文化元素，相继推出唐崖韵、唐崖土司、土司夫人等品牌，通过现代网络媒体的方式，让更多的人品尝这里的特色茶叶，感受这里的茶文化。

三、民俗风情

过赶年 "千里殊风，百里异俗。"唐崖司一带民风淳朴，土家族过年有与汉族不一样的习俗，时间总比汉族提前一天过，叫过赶年。"赶年"土家语称"起老嘎卡"。传统过赶年分为三个步骤：第一是从腊月二十三就开始准备过年必备物品，杀年猪、打糍粑、煮甜酒、赶场打年货；第二是在过年这一天，将屋子里打扫干净，并在中午前敬奉祖先；第三就是全家一起吃团年饭。到了晚上，一家人聚集在一起烤火、守岁、小孩子收压岁钱。凌晨家家会点爆竹，称为"出天行"。赶年据说是因为土司奉旨打仗的时候刚好是过年的前一天，皇命难违，不敢延迟，只有将时间提前一天，让士兵在上战场之前过年，与家人团聚。

歇后语 唐崖司村的歇后语多以当地传说、人物形象以及器物的内容、造型、材质、肌理等相对应，并融入了当地人的主观认识，如张屠夫杀青毛猪——黑对，唐崖司的马——不见骑，张王庙的马——岩（呆）的，张王庙的鼓——世上少见，唐崖河的水——倒着流。歇后语语言诙谐有趣，蕴含着深刻的哲理。

唐崖石刻 唐崖石刻历史悠久，现今保存完好的世界文化遗产唐崖土司城址内"荆南雄镇""楚蜀屏翰"牌坊。2013年"石雕"（尖山石刻）被公布为省级非物质文化遗产代表性项目。

唐崖镇石刻非物质文化传承人谢先华在唐崖土司城址设有传承基地。他崇尚写实，多以土家族日常生活为题材，技法精湛，以圆雕、浮雕、线雕、镂雕的技法进行创作。除传统的纹饰组合外，许多花纹雕刻都由他自己设计，雕刻纹样也大不相同。他所设计的旭日东升纹样像海上的水波纹，栩栩如生。另外，还设计了钱文、熊猫伴竹、富贵鱼等纹样。在家的大门口的石碑上还雕刻方言。唐崖石刻的内容丰富，题材多样，以圆雕、浮雕、线雕等为基本手法，以日常生活场景、传说故事、历史典故等为题材。

油茶汤制作技艺 油茶汤是土家族必不可少的小吃。做法可复杂也可简单，因此味道各有不同。最为正宗的油茶汤还是属于唐崖镇油茶汤技艺传承人马金现做的。即便是在垚垚酒楼几百米外，也能闻到阵阵茶汤香。外人只知汤香，不知其为何家喻户晓。相传在明朝天启年间，唐崖第十二代土司覃鼎奉皇命出征西南，行军至荒草丛生、污浊腥秽之处，为了防当地的瘴气，用茶叶、油盐、葱姜蒜等制成汤，命士兵饮用。百姓得知后纷纷效仿，渐成习俗。说到油茶汤的工序确实讲究，普通人家一般用油热锅，放入茶叶炸至金黄，再倒入清水，将其煮沸调料，就完成了。正宗的油茶汤备料有不少，炒米、阴苞谷籽、豆腐果、花生米、干土豆片、油渣是不可或缺的。在烹饪过程中，先把各种配料油炸好，再用猪油将茶叶炸至焦黄，加入姜粒、蒜苗爆香，接着掺入泉水，水沸之后加入食盐，很快起锅，再加入之前的配料，一碗正宗香醇可口的油茶汤就成了。

板凳拳 板凳拳是唐崖镇的一个传统体育项目，起初是保护家人与财产的必备技能之一。

陈俊法是板凳拳的传承人，他的家族世世代代都生活在唐崖镇小水坪一带。这一带是鄂西南与渝东南交界之处，地势偏僻，山形险恶，历史上曾经是奸商、悍匪活跃之地。陈氏家族为了保全生命和财产，抵抗匪盗，便世代操练板凳拳。陈俊法在8岁时，

板凳拳（咸丰县住建局供图）

就鸡鸣而起、刻苦训练。14岁的时候，他就已经成为武术学校的教练。如今，国家对非物质文化遗产的保护让陈俊法的传承、弘扬活动更有保障。第七届湖北省少数民族运动会上，陈俊法带领的少年武术爱好者获得一等奖。恩施州文化遗产日主题活动中，板凳拳的表演得到了观众的好评。陈俊法决心在自己的有生之年积极发扬光大板凳拳，带出更多的传承人。

四、历史人物

唐崖土司从设立到改土归流有400余年的历史，一直以对中央王朝的效忠而著称于世。其间响应中央王朝征调10次，功勋卓著。元代，一世祖覃启（处送）因战功显赫，被封为"武略将军"。明洪武四年（1371年），二世祖覃值什用随左将军廖永忠奉旨平蜀。正德三年（1508年），七世祖覃文铭奉旨征调四川黔江县（今重庆市黔江区）曹甫。正德九年（1514年），八世祖覃天富奉调征剿川寇麻六儿。嘉靖二十五年（1546年），九世祖覃万金奉调征讨麻阳苗变。隆庆四年（1570年），十世祖覃柱奉旨征剿金峒主土叛覃璧。万历二十八年（1600年），唐崖土司参与"平播"，战后被赐"三宣慰八宣抚司鼎铭"。天启年间（1621—1627年），十二世祖覃鼎奉旨征奢崇明、安邦彦叛乱。天启七年（1627年），十三世祖覃宗尧奉调剿流寇，防守荆州。崇祯三年（1630年），十四世祖覃宗禹奉调守夔州府紫阳城。

覃鼎 唐崖土司十二世祖，于万历四十一年（1613年）袭职，其任职期间为唐崖土司历史上的全盛时期。在军事上，唐崖土兵在覃鼎的带领下，在朝廷的各次征调中勇猛善战，立下赫赫战功。天启元年（1621年），四川永宁土司奢崇明及贵州水西土司安邦彦发动叛乱，史称"奢安之乱"。覃鼎在收到朝廷的调令后火速带兵前往渝城（今重庆），生擒奢崇明的女婿樊龙、樊虎。之后按照朝廷的安排进军征讨水西土司，跟随军门王总兵进攻大方苗寨时身陷重围，覃鼎冲关杀敌，势如破竹，将王总兵救出重围，自身却毫发未伤。明天启三年（1623年），覃鼎带兵征讨奢崇明、奢社辉，经过多次血战，终于平定了"奢安之乱"。

巡抚朱燮元在向皇帝的奏折中为覃鼎请功，朝廷封覃鼎为宣抚使司，行参将事，恩给皇令四道，敕赐（银）宝十两，赐大坊平西将军帅府，牌楼"荆南雄镇，楚蜀屏翰"八字。在土司城建设上，唐崖在土司夫人田氏的主持下，积极建设土司城，先后建造了大寺堂、张王庙、牌楼、街道等，使得唐崖土司城的城池格局丰富完整起来，同时城池规模达到了鼎盛。在文教上，覃鼎招才子张云松为女婿。唐崖学子在张云松的教诲下，欣然向学，使儒家文化在唐崖得到广泛传播。

田氏夫人 原名田彩凤，龙潭安抚司田氏之女，唐崖第十二任土司覃鼎之妻。她乐善好施，笃信佛教，相夫教子，皆以忠勇著称。明万历三十九年（1611年），其公公覃文瑞和丈夫覃鼎被朝廷征调外出征战。田彩凤因极高的政治天赋和良好的治理能力，很快走上前台，开始执掌府印，成为唐崖土司的实际掌权者，也是真正的女主人，且政绩斐然，"内则地方安谧，外则转输无乏"。她和丈夫覃鼎主政期间，是唐崖土司历史上最辉煌的时期。天启年间，因平定"奢安之乱"有功，朝廷敕建"荆南雄镇，楚蜀屏翰"功德牌坊。唐崖土司城也是在她的领导下进行扩建的，遗存至今的衙署、院落、排水系统、依山就势的城墙，四通八达的街道，宽阔平整的街面，无不昭示着设计者与建设者的心智才华，传递着当年唐崖人的生活理想和实现理想的坚定意志。她的儿子覃宗尧袭职后，因肆意妄为，被她"绳以礼法"，经她举荐，侄儿覃宗禹得以承袭土司之位。田彩凤曾游历峨眉山，沿途将随身奴婢百余人择配婚嫁，让他们各自建立自己的家庭。明崇祯三年（1630年）夏，田彩凤病逝于唐崖土司城，被葬于唐崖土司城后山，其墓在土司墓群中非常显目，可见她当时的地位和威望。

唐崖司张氏 据唐崖张氏族谱记载，其先祖张明字云松，先是生活于湖北荆州府江陵县沙市猪市街，后因受邻居命案牵连被迫出走，于明万历三十三年（1605年）来到施州卫大田所滴水岩隐居。时值覃鼎夫妇执掌唐崖土司事，得知张云松博学多才，便请他到土司衙署，筹办书院，教习诸生，传授汉语汉文，使覃氏子孙获益匪浅。覃鼎夫妇非常看重张云松，遂招他为门婿，入赘王府。张云松入赘以后，在土司署继续任教，加倍努力，培植人才，为民族文化交流进步，促进土家、汉民和睦都起到了重要作用。张云松与覃氏生二子，长子张有名、次子张有富。张云松夫妇死后葬于唐崖司玄武山。张氏一族在唐崖司已延续400多年，子孙繁衍，人丁兴旺。尖山乡唐崖司、鸡鸣坝等地张氏，均系张云松后代。张氏字派为"百世于光成大有，绍宗继祖正朝邦，宏开先泽传之远，富贵永兴瑞彩长"。

五、湖川山地猪

湖川山地猪养殖是唐崖司村一个极为传统又富有特色的产业。当地所养的牲猪，俗称狮子头大黑猪，属湖川山地良种猪，品质优良。湖川山地猪又称黑猪，主要产于鄂、川、湘三省交界之地。湖川山地猪的来源与唐崖土司夫人有着密切的联系。在十二世祖覃鼎之前，当地是没有养猪、种桑、养蚕、刺绣等技术的。覃鼎之妻田彩凤是一个精明能干、能谋善断、敬佛爱佛的人，她去峨眉山朝圣时，领略到汉人先进的文化和生产力，先后派人在成都等地进行学习，学成之后传授于当地土民，带动了当地生产力的发展。于是，唐崖司村一带养猪的习俗流传了下来。因群众素有养母猪的习惯，俗称这一带为母猪窝子。明万历辛亥年(1611年)，该县有交易猪行30余处。20世纪80年代，唐崖司村所在的尖山乡(今唐崖镇)肥猪出栏6122头，户平均1～2头。牲猪年存栏18816头，户平均4头。农历逢四、九赶集，群众交易的狮子头大黑猪远销湘、川各地。如今，唐崖司村的养猪产业从过去的农户自养已经发展为工厂规模化养殖，其种类也大大增加，成为当地支柱性产业之一，唐崖镇也被誉为湖北省无公害活猪产地和湖北仔猪第一乡。

大路坝区蛇盘溪村
——地震遗址 盐茶古道

  第四纪冰川的冰峰雪谷漂移和清代咸丰年间的大地震造就了鄂渝交界的奇山秀水。深藏于武陵山腹地群山万壑中的蛇盘溪村历史悠久，文化底蕴深厚，自然风光旖旎多姿。蛇盘溪村为盐茶古道上的重要通道和贸易中转站，位于咸丰西部边陲、大路坝区西北部，毗邻重庆市黔江区小南海镇双堡村、沙岭乡兴隆村和咸丰县活龙坪乡汤岩嵌村。蛇盘溪村是一个典型的土家族村落。据咸丰县大路坝区李方庆先生考证，大路坝蛇盘溪村先民为土家族支系賨人（板楯蛮）。今天的蛇盘溪村，土家族占全部人口的85%，土家族、苗族、汉族等各族人民在此和谐相处。村落有10多个姓氏，大姓有任姓、黄姓、徐姓等。全村下辖6个村民小组，486户1590人。村内保存着众多历史悠久的古院落、吊脚楼和丰富的非物质文化遗产。蛇盘溪村2012年被确定为国家第一批"中国传统村落"，2017年被国家民族事务委员会确认为"中国少数民族特色村寨"，2018年被评为湖北省"特色文化村"。

蛇盘溪村茶林堡（咸丰县文化和旅游局供图）

一、地震遗址

蛇盘溪村地质地貌与清咸丰六年（1856年）咸丰黔江交界处大地震有关。地震造成了汪大海堰塞湖和小南海堰塞湖、蛇盘溪堰塞湖。据地质学家研究，当时由大路坝的细沙溪（盖三溪）注入蛇盘溪中，两条溪流间的二坪产生滑坡，滑坡体堆积物高达100余米，底宽600米，方量约400万立方米，形成了汪大海堰塞湖和蛇盘溪堰塞湖。蛇盘溪曾蜿蜒5000米以上，地震后二三十年，其堰塞坝才被洪水冲垮。小南海堰塞湖则得以留存并成为著名的国家地质公园。地震遗址中的蛇盘溪村地势山峦起伏，峰岭连绵，沟脊纵横交错，悬崖峭壁林立，集"险、奇、秀、趣、幽"于一体。

蛇盘溪村紧邻省级生态保护区——二仙岩湿地生态保护区，村东西北三面均为海拔1000米左右的山岭，中岭界、宝灵山、掌上界三座大山环立四周。蛇盘溪村内溪流纵横，并因蜿蜒曲折的蛇盘溪纵贯全村而得名。蛇盘溪源于老鸦盖，流入唐崖河，属乌江水系。溪流常年清澈透明，流域面积119.6平方千米，咸丰县境内长度20千米。

蛇盘溪村内有"碧山奇峰望岩寺""谷迷宫羊角洞""世外桃源富尔溪""千年古寨茶林堡""仰天睡佛""悬崖飞瀑""雄狮望月""金鸡报晓""金龟探海""鸡公山云海""中顶盖龙筋""贺龙拴马树""红军烈士墓""宝灵山传说""灵官庙遗址""盐茶古道"等自然景观与人文景观。

自元代，这里就是土司辖区。明代，蛇盘溪地界属宣德三年（1428年）所设的西坪蛮夷长官司管辖。蛇盘溪地处唐崖土司盐茶古道，亦有外来盐客在此经商定居。蛇盘溪集镇在民国时期还曾是一个墟场。因赶蛮拓业和"湖广填四川"，更多的外来客民流入，在蛇盘溪溪流沿岸结草为庐。该村马驴池任家先祖就是因贩盐而在此逐渐定居，繁衍生息。

从有关家谱与墓碑记载看，蛇盘溪村在元末明初就有许多客家人（汉族）陆续涌入，并与当地土家人和睦相处，繁衍生息至今约700年历史。如蛇盘溪村茶林堡的黄姓、徐姓人家都是当时从外迁徙而来。

清朝时，蛇盘溪属唐崖土司管辖。1735年改土归流后，蛇盘溪为信孚里，民国时期为小大乡蛇盘溪保。中华人民共和国成立后为兴隆乡，尔后为活龙坪区友谊人民公社，1958年人民公社化时为红谊大队，1973年合并到大路坝公社，命名为蛇盘溪村，1981年地名普查时以蛇盘溪地名更名。1983年撤社建乡为蛇盘溪乡，1998年撤小乡并大乡为蛇盘溪村至今。

蛇盘溪一带很早就有土家族先民居住，后因盐茶古道开通，汉族移民逐渐到此。蛇盘溪至今保留着土家语村寨地名。村寨中的地名皆有其来源。如鱼塘湾因曾有口水塘养过鱼而得名。店子，位于寒婆垭口南麓，蛇盘溪的发源地之一，因早年有人在此开过店子而得名。茶园，位于马驴岭东南麓，蛇盘溪的发源地之一，因茶叶树较多，故名。河坝，位于溪沟边平坝，早年属高姓产业，故原称高家河坝，高姓迁走后，改称今名。新房子，原名土地坪，后因兴修了一栋房子而改名。何家坡吊脚楼位于蛇盘溪源头，因此地建有一栋吊脚楼而名。猴子坝位于蛇盘溪源头，因坝上早年常有猴子出没而得名。王家坡位于鱼塘湾西北2950米。肖家院子系林间空地。大沙坝地处蛇盘溪上游，坝大多沙，故名。马驴池，一说早年常有马、驴在此水池饮水，故名；或说此为土家语地名。香楠树位于蛇盘溪上游，原长有香楠树，故名。中岭界因山岭位于二仙岩和鸡公山之中，故名。响水沟源于鸡公山，水急声响，故名。瓦屋基位于蛇盘溪上游，早年徐姓在此建有瓦屋，故名。陈家屋基位于中岭界中段高山上。鄂家沟位于鸡公山麓溪边。坨腰坝位于蛇盘溪通往水坝的路边。水井坝因坝上有一口水井而得名。七丘田因两溪沟汇合处有七丘水田而得名。茶林堡因山堡上茶树成林而得名。转堡田在鱼塘湾西南。滑石板位于富尔溪和蛇盘溪汇合口。坪上因半坡上土坪而得名。望岩寺因蛇盘溪两侧高山峙立如壁，举目可见而得名。马家房基位于富尔溪发源地，与重庆接壤。羊角洞因六井山西北山脚有一石洞，洞口有两个似羊角的石头而得名。

蛇盘溪村为典型的"U"形河谷地形，其民居多分布于山体下部及近谷底，田土多的茶林堡、七丘田、蛇盘溪、望岩寺等处居民较为集中。村落选址与格局是典型的西南山地典型农耕聚落布局，即整体较为分散，局部相对集中，靠山面水，依山就势，布局自由，没有严格的轴线，民居朝向一般与山体坡向一致。如茶林堡位于两溪交汇处，田土较多，分别于几个山脚形成了茶林堡、七丘田、蛇盘溪三个较为集中的民居群，并多以姓氏和血缘聚集。七丘田、茶林堡、蛇盘溪集镇和望岩寺四个院落及周边区域，院落均沿蛇盘溪而建。

近年来，在精准扶贫和乡村振兴战略的推进下，蛇盘溪的传统村落格局正在逐渐变化。羊角洞、富尔溪、中岭界等村落人户逐渐开始向蛇盘溪沿岸村落或移民新村搬迁，人口逐渐向望岩寺、两河口、七丘田、罗尔贤、坨腰坝、马驴池、吊脚楼、河坝、水井坝、响水沟、何家坡、新房子、马驴岭等改扩建型村民小组集中。一些小的院落正在慢慢消失。

二、民居建筑

蛇盘溪村先民在蛇盘溪两岸聚族而居，曾形成大大小小20多个具有鲜明民族特色和地域风格的聚落。现存的院落空间结构、建筑雕刻艺术具有鲜明的地方特色。土家族依山傍水修建吊脚楼，基本上按单一姓氏为一寨落。如望岩寺院落为任姓家族，蛇盘溪院落为黄姓家族，茶林堡上院落为黄姓家族，七丘田为徐姓家族等。这些遗存下来的院落、历史建筑是村民聪明才智的结晶，是一份极其宝贵的文化遗产。

茶林堡　茶林堡是蛇盘溪村保存最为完整的吊脚楼群。院落中现有各类传统民居19栋（历史建筑14栋，其他建筑5栋）。院落房屋形式有"一"字形、"L"形和"U"形，形式各异的吊脚楼协调、有机地组合在一起，俨然一只熟睡的乌龟栖于蛇盘溪畔。院落右侧酸枣、川桂等树木茂密，生态环境优美。

院落民居自成体系。堡上民居或三五户或七八户相对成排，吊脚楼"撮箕口""钥匙头"等形态多样。徐家老屋是寨落的根基。这个吊脚楼原为唐家产业。唐氏家族先祖八弟兄携家带口，从江西逃难到贵州又辗转到蛇盘溪木鱼堡结庐栖身。他们先祖来茶林堡后就栽下一棵酸枣树护寨。如今这棵酸枣树高20来丈（约66.6米），枝叶繁茂，树干需6人牵手才能合围。据恩施州林木专家考察，这树已有500多年树龄。

茶林堡村落形如乌龟，还流传着一个动人的传说。据传，有一只乌龟和一条蟒蛇同在鸡公山修炼千年成精。1856年农历五月初八早晨，蟒蛇与龟成精后出山，顿时，乌云翻滚，雷鸣电闪，地动山摇，大雨倾盆！蟒蛇精动作麻利，乘机顺流而下，直达东海，成了龙王，却引发了小南海大地震。动作迟缓的乌龟精被元始天尊的佛印化成的一座宝灵山镇住在茶林堡，废去千年道行，动弹不得。元始天尊与弥勒佛主也化成神岭仙峰，庇佑这一方百姓。王母娘娘很喜欢这个风景迷人的地方，她和观音大士在古寨西边栽种了一棵酸枣树保护村寨。这棵酸枣树是"公"的，每到开花授粉季节它就要去寻偶娱欢。传说它的配偶"母"酸枣树长在涪陵乌江边帕帕岭上，婀娜多姿。只要天色好的满月夜晚，站在二仙岩轿顶山顶峰，就可以看到这两棵树互诉衷肠的情形。

茶林堡民俗文化声名远播。这里山歌源远流长，敬酒歌曾在CCTV-3央视综艺频道唱响，咂酒习俗专题片曾在CCTV-2财经频道播放；调子戏多次受邀到重庆市黔江区会演，每每载誉而归。土家哭嫁习俗还上过深圳卫视《年代秀》栏目。

望岩寺 望岩寺院落以沟壑中的一道山梁上下两个突兀岩石，状似两头狮子相望而得名，后人口口相传为望岩峙。整个寨子隐藏在深山峡谷中，清澈的蛇盘溪穿寨而过。院落中现有各类建筑33栋，其中历史建筑1栋，传统风貌建筑14栋，其他建筑18栋。望岩寺院落群布局精巧，放眼望去，恰似一幅绝妙幽静的山环水绕的村居图。

望岩寺原叫望岩峙，后因咸丰年间大地震后重建而改名。1856年农历五月初八早晨，大路坝发生了波及鄂渝8县市的大地震。途经望岩峙的盐茶古道也被湖水淹没，当地百姓与往来客商集资在望岩寺下两河口处兴建码头，盐茶古道上的人和货物用船舶运载。马驴池任姓盐商领头，向各路客商和村民发出了"有钱出钱，有物出物，有力出力，修建码头，打造渡船"的号召，得到大家热烈响应。1856年冬月二十八开通航运，同时在鬼打岩码头竖立一块铭记地震状况及其捐资修建码头开通航运名单的石碑。这块石碑曾收藏在大路坝区工委楼梯间，2012年修建区工委大楼时去向不明。1888年夏，特大山洪暴发，泥沙淤积，蛇盘溪堰塞湖彻底消失了。任姓人家遂陆续到望岩峙稍高处修建吊脚楼院落，再次开垦河坝耕种到如今。为防止同类情形再度发生，他们在坛子口河梁上，修有一座山王庙镇守。望岩峙因此改名为"望岩寺"。

在1856年地震前，居住在望岩峙的是李、王、张、黄、肖等杂姓。他们是在"湖广填四川"时迁到此处，在荒河坝上垒石筑堤，开田整地，日子过得恬淡悠然。

一场地震，祸从天降，房舍倒塌，田土淹没，为了保命，举家外逃。但修建的长达2000米河堤遗迹至今还依稀可见。

重建的望岩寺院落依山傍水，茂林修竹，小桥流水。通往院落的水泥桥左侧有一棵3人围抱的麻柳树。据说，1933年腊月二十八上午，贺龙飞兵奇袭黔江城后，返回活龙坪根据地时，就曾在这棵麻柳树下拴马小憩。红军曾刮掉麻柳树皮，用土红写下"打倒土豪劣绅，一切权利归农会"的标语，现因麻柳树长大空心，刷写标语处腐朽，已不见当年的标语痕迹。

富尔溪 富尔溪方圆五六里，四周都是高耸入云的怪岩奇峰。富尔溪院落由典雅别致的吊脚楼群组成，掩映在参天古树和茂林修竹间。富尔溪上的几座棒棒桥连着古老溜滑蜿蜒的青石板路，把每个小院落巧妙地连接成一个居住41家的富尔溪大院落。富尔溪的风景极佳，宝灵山是蛇盘溪村的地标性景观。

富尔溪是以土家语命名的，说明这个地方早就有土家族人居住。富尔溪坪上李姓人家自称为"毕兹卡"，而且在明末清初的"赶蛮拓业"中，与官府巧妙周旋，终于未离故土半步，生息繁衍到如今。富尔溪最壮观的撮箕口吊脚楼是石家院子。最不可思议的是易家屋基中居然有一块约40平方米的土地是重庆的"飞地"。进入富尔溪里，要走几十米的"重庆路"。这里不仅风光美，而且山歌更美。2015年，全区山民歌大赛时，80岁高龄的选手姚明贵一举夺冠。

羊角洞 羊角洞是一座有20多家、70来人的小院落。院落全是黄姓人家，房屋由清一色吊脚楼组成。去羊角洞必须经过一座花桥。据桥头石碑记载，这座花桥修建于明代洪武年间。羊角洞四周悬崖峭壁，只有一点零星坡坎地能栽种玉米、红苕、洋芋，难以维持温饱。黄姓祖宗只得下洞到两河口荒河滩上开了30余亩水田耕种。羊角洞黄姓人家的温饱才得到了保证。

但是，好景不长，洪武六年（1373年）秋月，两河口河滩稻谷丰收在望。不知为什么，一夜之间被糟蹋不少。他们派人轮流看守，才发现天一擦黑，就有一头状似水牛的畜牲下田祸害庄稼，只要人一出声，这头畜牲转眼就不见了。黄姓人家去问梯玛（土老司）这是啥畜牲？梯玛说，这是一头犀牛。为防止犀牛糟蹋庄稼，你们只要如此这般就可以制服它。

当年秋收后，黄姓人家就集资修了一座石拱桥。石拱桥取名为"花桥"，竣工之日，他们请来梯玛在拱圈下倒悬一把锋利的钢刀。果然，在第二年稻谷刚成熟时，就有一头大犀牛通过拱桥下河沟时，被倒悬的钢刀划破脊背，血流如注，倒毙在花桥下五丈远的溪沟里。这则花桥斩犀牛的"龙门阵"至今在蛇盘溪流传。

清咸丰六年（1856年），小南海发生了地震，但在震中区的羊角洞没有受到丝毫影响，反而让殷实的羊角洞人家发了一笔大财。地震堵塞板夹溪成了一个浩瀚的小南海。土司通往彭水的盐茶古道彻底中断，只得走羊角洞这条小道。精明的羊角洞人把原来的小道加宽，坡陡处砌有石梯，并在花桥来路口开辟了一块约两亩大的平地，修了一栋八列七间很气派的吊脚楼客栈，方便来往客商、挑夫、背佬二食宿。他们把采集来的野蜜、药材等山货由挑夫背佬二捎带出去。羊角洞地势非常险要，历代官兵、"棒老二"（土匪）也对羊角洞院落无可奈何。这里就成了洞天福地般的世外桃源。

清改土归流后，由于盐茶古道生意凋零等诸多原因，这条古道又荒废了。花桥前路口那栋八列七间很气派的吊脚楼客栈也被土匪一把火烧毁了。现在，因交通不便等诸多原因，居住在羊角洞的人全部搬走了，只留下荒废的院落。

七丘田 七丘田院落位于村中部，蛇盘溪河边。院落居民以黄姓为主。院落中现有各类建筑16栋。最老的历史建筑相传有400多年，木结构、吊脚楼，局部采用楠木材料，门、窗皆有雕花图案。

咸丰县历来就有"干栏之乡"的美誉。蛇盘溪的土家寨院，吊脚楼依山而建，多处吊脚楼群保存完好。寨内最大的建筑当属有300多年历史的徐家老屋。老屋门牌原有光绪年间咸丰县令送来的一块寿匾。从马桑树的柱头、窗棂、大门依旧可以探寻老屋所经历的沧桑岁月。

蛇盘溪吊脚楼与一般土家吊脚楼略有不同，吊脚楼不翘檐。因为这里的寨民是巴蛮后裔，认为房屋翘檐是神灵居所，所以他们的居所不饰翘檐，以示对神灵的敬畏。

"撮箕口"型吊脚楼（咸丰县住建局供图）

三、盐茶古道

唐崖土司开辟的盐茶古道从大路坝蛇盘溪一线经过。明代，大路坝就已经商贾云集，成了盐茶等贸易的繁华集镇。"三缸、九佬、十八匠"陆续到此，大路坝集镇上店铺遍布，各种专业牙行林立。

土司利用以茶易盐政策，开辟通往山外水陆贸易之路，现称为盐茶古道。从大路坝分支的盐茶古道有两条：一条往西南经板夹溪到郁山；另一条往西北经蛇盘溪到龙嘴河，最后经郁江到乌江去外河（涪陵、重庆、万州等地）。通过盐茶古道，土司地区的茶叶、桐油、生漆、苎麻等农产品，以及珍贵林木销往山外，换回人们必需的盐巴、布匹、针织与日常所需的小商品。

盐茶古道陆路许多路段是在悬崖峭壁上用锤子、錾子等工具历经数年开凿而成，奇险无比。常年络绎不绝的挑夫佬、背佬二、客商经过这段险路，无不胆战心惊。土司非常重视盐茶古道建设，把这些古道列为官道管理。坎坎凿有石梯，湿滑处铺有石板，悬崖陡坎处建有防护栏，每年冬天对所辖范围内的古道进行精细维修。据咸丰大路坝区李方庆先生考证，盐茶古道上曾经十五里一亭，三十里一店，六十里一客栈，而且小溪沟上都架有风雨凉桥，方便骑骡马的往来客商、搬运货物的挑夫佬、背佬二短暂休息。清改土归流后，官府把这些古道确定为官道管理，以茶盐为主的生意更加红火。

悬崖上的盐茶古道（李然 摄）

　　盐茶古道造就了蛇盘溪场的繁华。蛇盘溪场落位于村落中部，蛇盘溪河边，现有各类建筑49栋。院落中形式各异的建筑协调、有机地组合在一起，俨然一条鲤鱼，安静地躺在蛇盘溪边休息。

　　蛇盘溪场在元明时期便是盐茶古道过往客商必经之地。今《咸丰县地名志》称，其正式开场于民国年间，说因民国二十七年（1938年）湖北省政府部分机关、企事业单位和学校迁往鄂西，蛇盘溪所在地大路坝地区新增蛇盘溪等集场。而据蛇盘溪村老屋基处刘定国墓碑文记载，则早在清道光咸丰年间，此处就已是集场了，当时名为"蛇蟠溪场"。蛇盘溪集镇繁华时期，曾有染坊、漆行和旅店，行商坐贾曾在集镇上建有关公庙和戏台，至今集镇上戏台和青石板路遗迹尚存。中华人民共和国成立后设立的供销社保存至今，仍是当地人民物资交易的主要平台。

蛇盘溪集镇供销社（李然 摄）

蛇盘溪的盐茶古道上溪流众多，聪敏的土家人就地取材，修筑了风格各异的桥梁，既有兼具交通和休憩于一体的风雨桥，也有坚固的石拱桥。

蛇盘溪风雨桥（咸丰县住建局供图）

蛇盘溪境内曾经广建庙宇，以期众神护佑勤劳的蛇盘溪村人和往来于盐茶古道的行商。据村民介绍，蛇盘溪集镇因南来北往客商往来，商户为祈求生意兴旺，曾经建有一座关帝庙。关帝庙一直保存到中华人民共和国成立后，现为蛇盘溪小学。此外，在瓦屋基也曾有一座庙宇，现仅存台基。钟灵山顶也有一座庙宇，20世纪80年代，还有村民上山看见庙宇飞檐翘角，并题有对联。现仅见瓦片数枚。

清嘉庆至咸丰年间，有祖籍江西建昌府南城县人刘定国先于嘉庆年间在四川老黄溪场经商，后辗转迁徙蛇盘溪场（古地名为"蛇蟠溪场"）与当地范氏喜结连理，在妻子范氏的帮助下，家计颇顺，逐渐发迹，并于咸丰年间"以忠孝传家而恩受九品"。其人其事有蛇盘溪村瓦屋基古墓墓志铭为证。

四、山地耕猎

蛇盘溪村土地肥沃,物产丰富,属典型的山地农耕生产方式。居民以水稻、玉米种植为主业。坪坝地带普遍种植水稻,旱地种植玉米、土豆和其他杂粮等。经济作物有茶叶、尖椒。中药材有白术、贝母、天麻等。蛇盘溪境内森林覆盖广,主要树种有樟树、马尾松、杉树。山间盛产生漆、油桐、五倍子、木姜子等经济林木。木姜子又叫山胡椒,学名山鸡椒,为配制香精的主要原料。山里人习用其果(绿嫩者佳)和辣椒、大蒜、食盐、酱油、醋等拌匀,做一碟菜,味辛辣,可助消化、增进食欲。

20世纪60年代,蛇盘溪还保留着烧火焰(即烧灰积肥)的刀耕火种的耕作方式。退耕还林工程实施后,山间旱地逐渐荒芜,但村民们仍然保留在杉树林间种植土豆的习俗。近年来,稻田全部改成经济效益更高的茶园。猪、牛、羊、鸡等家畜家禽蓄养是村民们重要的经济来源。茶叶、五倍子、木姜子等采集是农耕生活的重要补充。山间野猪、麂子、野兔、野鸡众多,村民农闲时往往组织"赶仗",集体围猎。村民至今还保留着赶仗的习俗,很多村民家中至今屋檐下还挂有野猪网和麂子网。

赶仗又叫赶山、打猎,是鄂西山区各族人民传统习俗。它既是狩猎活动,又是一种锻炼筋骨的体育活动。秋后农闲季节,山中的野猪、獐、麂等野兽已膘肥肉满。赶仗从秋天开始,直到次年的春天。大雪纷纷的严冬季节是赶仗的大好时机。赶仗前要先组织好班子,少则三五人,多则十余人。班子组成后,在经验丰富的猎手带领下,猎犬前导,浩浩荡荡进山围猎。一般是在近处山场进行,早出晚归。赶仗有许多禁忌:如逢"戊"不赶山,因"戊"与"误"谐音,戊日赶山恐有误,故忌;上山前要祭梅山神,祈赐好运丰收;赶仗时还要遵循祖传的一些"内部"规矩,如不私取他人的猎具或猎物;若两个班子不期而遇,一个班子截获的另一个班子所追捕的猎物,猎物就由两个班子平分,等等。

野兽被捕获后,老猎手要在山上扯七根茅草塞满猎物口中,表示"封嘴"。然后将猎物抬起,频频鸣角凯旋进村,在院坝里摆上桌案,呈上酒肴,再谢梅山神。

然后才开始按规矩分享猎物。主枪手得兽头、兽皮和血口肉，以示奖赏。其余人按"沿山赶鸟，见者有份"的原则进行分配。

蛇盘溪境内大部为岩溶地貌，坡陡谷深。民间运用筑塘、修渠、水车等蓄水、引水、提水灌溉农田和加工生产、生活资料。据调查，民国二十七年（1938年）蛇盘溪两岸就有筒车20架。现在村民仍沿用木制引水槽。

悬挂于屋檐的赶仗猎网（李然 摄）

蛇盘溪村保存了传统的生产生活器具。传统加工工具有木砻、石磨、碓、碾、榨等。木砻用于稻谷破壳，石磨磨粉、磨浆，碓将糙米舂熟。木砻、磨、碓这三样器具农家户户必备。碾用于油料粉碎和糙米去皮，有的用畜力牵挽，有的用水力驱动。榨为油料加工工具，有锤榨和撞榨两种。锤榨俗称"雷公榨"，以锤击楔，挤榨出油。

舂碓（咸丰县住建局供图）

蛇盘溪村民利用山间丰富的物产，创制出腊肉、油茶汤、观音豆腐等特色饮食。观音豆腐制作最具特色。每到炎夏季节，蛇盘溪村民常用一种树叶来制作成"豆腐"食用。这种"豆腐"，又叫神豆腐。传说是观音菩萨在灾荒之年点化穷人用这种树叶制作豆腐充饥度荒的。

制作神豆腐的树叶属马鞭草科植物，俗称"斑鸠柞"。村里农妇常在劳作回家途中，连枝带叶信手捋回一束，摘下叶片洗净，放在盆中用手揉成糊浆，倒入铺上几层干净棕片的筲箕之中过滤，点入澄清了的适量草木灰水搅匀，片刻便神奇般地成了一盆颤摇摇、绿幽幽的神豆腐。而后，用菜刀横竖划成方块，浸入冰凉的山泉水里，待做上一碗拌有蒜泥、辣椒和其他佐料的蘸水，用漏瓢捞上一碗，就可以一块一块地蘸着吃了。神豆腐细嫩，晶莹如玛瑙，带着斑鸠柞树叶特有的清香，吃起来清凉可口，可与粮食做成的凉粉媲美。

五、古风余韵

蛇盘溪村保存了丰富的非物质文化遗产。这里有类型丰富、数量众多的土家山民歌。蛇盘溪山民歌传唱于田间地头，歌词主要反映土家族人劳动生活场景，曲调高亢嘹亮。蛇盘溪山民歌种类繁多，如"情歌""风俗歌""调子歌""劳作歌""新民歌""土医歌""儿歌"等。山歌大多采用七字四句子式，如：郎在高山打石岩，妹在河边洗菜薹。想吃菜薹拿把去，想要好耍黑哒来。七字五句子式，如：郎爱姐来姐不在，我学猫儿墙头呆。眼看太阳落下山，不信姐儿不出来。霜打茄子我愿挨。七字六句子式的山民歌不多，如：哥爬妹楼要小心，千万不要弄出声。隔层板壁爹娘睡，堂屋有根拦门凳。万一碰响你莫怕，妹就扯谎狗进门。

蛇盘溪村的哭嫁由来已久。哭嫁仪程有哭十姊妹、哭祖宗爹娘、哭哥嫂弟妹、哭三亲六戚、哭上轿、哭管客师、哭厨倌师傅等，哭诉离别之情，哭今后思恋之苦。新娘哭到谁，谁就要递"打发"。2012年4月，蛇盘溪哭嫁应邀"哭"上了深圳卫视《年代秀》栏目，声名大振。

情歌是蛇盘溪里内容最为丰富、曲调最为优美的一种山歌。情歌曲调不拘一格，或悲或喜，或哀或怨，是人们在繁重的劳作或休闲中的一种情感表达。多采用比拟唱法，因而生动形象有趣。

蛇盘溪礼俗歌谣有"土家迎客歌""土家敬酒歌""灯调敬酒歌""土家送客歌""土家待客歌"等。"风俗歌"涵盖接人待客以及婚丧嫁娶的各类习俗。人辞世有"丧鼓歌"，出嫁有"哭嫁歌"。

劳作歌 蛇盘溪人们以往过着"日出而作、日落而息"的艰辛劳作生活。为消除劳累与寂寞，各种劳作歌谣就应时而生。山歌已深深融入蛇盘溪人的生活，如蛇盘溪马鹿池农民任冬阳所唱的"山歌本是古人留，留在世上解忧愁。一天不把山歌唱，三天奶娃要白头"就是最好的写照。开山取石、修房造屋、拦水筑坝等有"号子歌"；春播秋收有"薅草锣鼓歌""割麦、薅秧、打谷歌"；农家事如"车水""打榨""扬谷""织布""打糍粑""打连盖""洗衣服"也有歌谣；连挑夫、背佬二也有自己的歌谣。蛇盘溪的劳动号子"柳叶儿红"就非常有气势，能凝心聚力。

调子歌 调子歌词曲比较固定，有以歌叙事的特点。喜怒哀乐之情都在调子歌中得到了充分表达，不仅展现出农家男女内心情感，而且从中可以窥探世事风情。调子歌代表性歌曲有《五更望郎歌》。

新山歌 新山歌是蛇盘溪山歌的又一大特色。如改革开放前的："宝灵山下蛇盘溪，红苕洋芋当米吃。十个红苕抬颗米，还说红苕和得稀。"改革开放后的："宝灵山下蛇盘溪，神仙羡慕口水滴。想拿府邸和我换，府邸不如我茅厕。"歌词虽然直白简短，但情感真切，带有深深的时代印记。

土医歌 蛇盘溪有许多中草药与土医疗法，是当地人民战胜疾病、强身健体的民间智慧。当地百姓以歌谣传唱的方式传承民间土医疗法。"拔火罐""扎瓦针"是民间有效的简易疗法。如"土医歌"里唱道："头痛脑热无须惊，拔个火罐就得行。上坡下坎崴了脚，千万记住扎瓦针。"又如："藤木空心定祛风，对支树叶可去红。枝叶有刺能消肿，叶内藏浆败毒攻。"言简意赅地介绍了"空心藤木"药用法与作用。土药土医从远古走到现代，歌谣作出了不可磨灭的贡献。

蛇盘溪院落里流传着许多脍炙人口的儿歌，这些儿歌陪伴世代土家儿童茁壮成长。在教育不发达的传统社会，儿歌就是孩子学前的启蒙读物。如"圆月亮，瘪（bia）月亮，哥哥起来学篾匠。姐姐起来蒸糯米，蒸得喷喷香。打个糍粑接姑娘。姑娘接不来，哥哥借来轿子抬。"现在农村45岁以上的人，都是在月光下的院坝里唱着儿歌，做着类似"接姑娘"的各种游戏中长大的。

传统戏剧类有土家方言调子戏（俗名"土巴三戏"或"土戏"）。调子戏是民间杂剧中的一种，具有自由活泼的形态与通俗的情趣，强调故事和戏曲结合，符合农村百姓的欣赏格调，有广泛的群众基础。调子戏基本内容为：根据剧情中所表现人物的需要，选取民间喜闻乐见的调子为腔调，以方言为道白。演绎的故事时长一般为30分钟以内。用二胡（板胡）伴奏，勾锣、竹梆来击打节奏，烘托剧情。调子戏编写格式为：第一个人物出场时，必须有一段唱腔概括剧情，演出结束时合唱一段调子收尾。譬如，《小寡妇上坟》的小寡妇一上场就唱："奴家丧夫三年整，媒婆天天跑上门。心烦意乱无主张，荒野山中哭夫坟。"小寡妇重新找到如意郎君后，在台上的各类角色还需合唱："命中姻缘由天定，寡妇重寻新郎君。白头偕老欢喜事，恩恩爱爱伴终生。"作为剧终谢幕。

中华人民共和国成立后，熟悉调子戏的民间艺人陆续谢世，调子戏濒临灭绝。近年来，随着非物质文化遗产保护工作的推进，蛇盘溪调子戏又开始重现生机，村里成立了"蛇盘溪土家方言调子戏演出队"，以传承弘扬这一土家文化瑰宝，并新编《赡养风波》《魏调解做媒》《村主任整酒》《王老三贷款》《情系山寨》《温总理送嫁妆》《秦如花养鸡》《土司王招亲》八出土家方言调子戏，不仅深受山寨百姓欢迎，而且到重庆市演出，声名远扬。

蛇盘溪村活跃着一支以农民为主体的民间民俗风情表演队，村寨民族文化生活多彩。民间艺术工作者将土家山民歌、土家礼仪歌谣、土家方言调子戏、哭嫁、请扫把神等古老的民族民间文化重新开发出来。迎客歌、敬酒歌、送客歌，现已在鄂渝边邻广为传唱。"土家方言调子戏"多次应邀代表黔江去重庆参加会演并获奖。蛇盘溪的"哭嫁歌"唱上了CCTV-7国防军事频道，蛇盘溪村民间民俗风情表演队还受邀深圳电视台参加了《年代秀》。

蛇盘溪村还有玩花灯、吹莽号等传统舞蹈和传统音乐。蛇盘溪村至今仍保存着哭嫁、过赶年、喝油茶汤、吃镰刀肉、赶仗等习俗。服饰方面也有自己的特色，村内有些姓氏喜缠盘青丝帕、白布帕，穿大衣大袖、斜襟、对襟对纽扣等独特服装。

六、能工巧匠

蛇盘溪村留存有吊脚楼营造技艺、石刻等多种传统技艺。唐崖工匠任国立等一批能工巧匠，享誉乡里。

任国立，24岁拜师学习木工技术，1987年正式出师。出师后主要从事木屋的建造、室内复古装修以及木棺材制作。1988年，出师第二年的他便做大师傅，第一次独立完成整栋吊脚楼修建。这座吊脚楼经过了近30年日晒雨淋时光的洗礼，依然矗立。1988年后，从大路坝到活龙坪，经其手完成的木工活不计其数。蛇盘溪村委办公楼、千年古寨茶林堡木房的改造他都参与其中。茶林堡余六雨家的室内复古装修更是由其独自设计、制作完成，参观过的人无不对其赞不绝口。

任国武，生于1966年3月2日。1980年师从石匠大师任忠伦学习石艺，1982年正式出师。学成归来后主要给左邻右舍打石磨、岩石、石水缸等石雕制品。1998年参与蛇盘溪村马驴池组桥梁建设，同年又参与蛇盘溪村茶林堡组酸枣树桥梁建设，并独立完成该村功德碑雕刻。2009年到黔江石雕墓碑厂工作，主要负责设计与制作墓碑以及景区所需的艺术雕刻，如龙柱狮子柱，景区雕刻大多是拦马石、石桥栏杆设计制作、坐狮麒麟等。他在石艺方面也小有名气。黔江殡仪馆大理石墓文，便是由他雕刻而成。任国武曾获得大路坝区工委授予的优秀组长一等奖。1999年负责组织修建蛇盘溪村马驴池小组的石拱桥，现保存完好。

七、自然景观

地震堰塞湖 蛇盘溪一带早期地质运动活跃，1856年农历五月初八，一场波及鄂渝八县的大地震，在蛇盘溪村周围留下了小南海和汪大海两个堰塞湖，蛇盘溪也一度被堵塞。距离蛇盘溪不远的汪大海，则显现出与小南海的明净秀美完全不同的神秘幽深。据史料记载，当时地震岩石淤塞了蛇盘溪和盖山溪，形成极其壮观的长达15千米的蛇盘溪峡湖与汪大海。后来，蛇盘溪峡湖被洪水冲溃消失了，而汪大海却一直保留至今。

古树名木 蛇盘溪植被保存较好，古树大树随处可见，仅咸丰县林业局登记挂牌保护的古树名木就有13株，有银杏、南酸枣、川黔紫薇、南方红豆杉、桂花、枫香、黄杉等，还有被当地人奉为神树的药王树。

马鹿岭药王树（咸丰县住建局供图）

八、战地烽火

蛇盘溪古为湖北、四川两省交界处，地理位置重要，自古就是商贸要道和兵家必争之地。清末，1910年12月22日爆发了革命党人温朝钟领导土家族等各族人民发动的"庚戌起义"（史称"温朝钟起义"）。蛇盘溪村人黄玉山率领村民加入义军，有力地支持了反清武装斗争。黄家当时是义军的大本营。现村内还保留有黄玉山故居。

民国时期，属咸丰小大乡蛇盘溪保。贺龙飞兵奇袭黔江城，就曾经路过蛇盘溪。1933年农历冬月初五，红三军军长贺龙、政委关向应按中共湘鄂西中央分局大村会议"创造湘鄂川黔边新苏区"的决定，挥师入川，首战黔江，向酉阳、秀山、彭水发展，创造新根据地。这天夜幕刚刚降临，贺龙集结红军，悄无声息地从咸丰县活龙坪出发,第二天凌晨抵达蛇盘溪街上。为弄清敌情,红军在关庙小憩,贺龙亲自前往七丘田后面山梁哨所询问敌情侦察情况。据当地人回忆,红三军大部队路过蛇盘溪望岩寺时,百姓早已等候在河边麻柳树下,欲斟酒倒茶慰问红军。贺龙在麻柳树拴马小憩,动员百姓参加革命。离开时,红军刮开树皮,在树皮的树干上用土红写上"打土豪分田地,一切权利归农会"的标语。红军对老百姓秋毫无犯。老百姓交口称赞贺龙红军是自己的队伍,一些贫苦农民当即报名参加了红军。

现在,七丘田"贺龙哨所"以及望岩寺河边"贺龙拴马树",都已自发地被当地百姓保护起来,以缅怀革命前辈的丰功伟绩。

贺龙拴马树(咸丰县住建局供图)

九、铁血英雄

黄氏家族堪称蛇盘溪的"名门望族",自清嘉庆二年(1797年)便来蛇盘溪安居置业，至今保存有梨木雕刻版族谱。黄氏家族代表性人物为辛亥革命先烈黄玉山。黄玉山又名黄明星，蛇盘溪村鱼塘湾人。黄玉山善医药，积善事，仗义疏财，在乡邻中口碑很好。清光绪三十三年（1907年），侄婿温朝中在重庆加入同盟会，带回《革命军》《民报》《同盟会宣言》等革命书籍，在乡里倡导成立"风俗改良会"。经温朝中介绍，黄玉山加入同盟会。后来温朝钟、黄玉山等又邀集黔江、咸丰同盟会员，发起组织革命武装团体——铁血英雄会，提出"义联英俊、协和万帮、推翻清朝、打倒列强、复兴中华、实行共和"的政治主张。宣统元年（1909年），铁血英雄会更名为湘鄂川黔铁血联英会。黄玉山与温朝中、王克明志同道合，自告奋勇担任庚戌起义的"后勤总长"。他倾其所有支持革命，拿出所有家产购置军火，筹集粮草医药。黄家成为铁血英雄会钱粮军械供给库。

  1911年1月3日，"湘鄂川黔铁血联英会"临时召集200余人组成革命军仓促起义。温朝中任司令总长，王克明任次长，黄玉山任后勤总长。革命军失败后，黄玉山故居田产遭清政府查封，但他却被老百姓保护起来。清军大肆屠杀参加起义的革命党人及百姓。黄玉山见义军首领大部分壮烈牺牲，又恐连累乡里，于是挺身而出，面见官军警长陈锡光，要求停止滥杀无辜。清军婉言劝降，但黄坚贞不屈，大义凛然。1911年5月2日，黄玉山在黔江县城西关外英勇就义，时年62岁。国民政府成立后，追认温朝中、王克明、黄玉山为"铁血英雄"。大路坝人民为了缅怀烈士，在大路坝"禹王宫"及自己家中增设了温、王、黄三人的牌位，并将他们的英勇斗争事迹编成唱本《温朝中反正》，到处传唱，至今仍在民间流传。今有当代人以温朝中、黄玉山辛亥革命为题材创作的长篇小说《白虎啸天》。

  辛亥革命英烈黄玉山故居位于鱼塘湾。故居原为走马转角的撮箕口吊脚楼群。阶沿坎全是青石条砌成，阶沿宽一丈有余，由青石板铺就。院坝也用青石板镶嵌铺就。整个院落用土墙封闭，人来客往均由院坝外的朝门进出。整个院落显得古朴、典雅、清爽。故居内只留存青石砌的阶檐、一口舂米用的大石碓窝、治疗起义军伤病员用的碾药槽。

十、一方贤良

任氏家族是蛇盘溪的大家族，集中分布在望岩寺和马驴池等院落。据任家族谱记载，马驴池院落的任家源于贵州石阡府龙泉县（今龙泉市）石院子。任有禄移居湖北恩施利川县（今利川市）门头场花台屋，生子任洪志、任洪学，往下有任槐、任龙、任朋兄弟三人。任龙因做食盐买卖在咸丰县大路坝蛇盘溪马驴池居住。任龙下辈有任世华、任世兴、任世明、任仕俊、任大梁、任德魁、任真一、任文一、任纯一、任手一、任九一等子孙。

任氏家族乐善好施，在当地颇有名望。马驴池任定国祖屋有400余年历史。祖屋内有清道光年间咸丰县县令赐予的匾额、寿匾各一块。匾额上书"金轩朗润"。道光二十七年（1847年）的寿匾上书"任府唐老孺人八秩志庆。署湖北施南府咸丰县正堂加五级记录"。任氏家族后人任定国承袭先祖遗风，深受村民敬重。他乐于助人，村落多处桥梁都是他牵头筹资修建。此外，他还乐于收藏，家中不仅保存了大量的传统农具，还藏有珍贵的清代至民国时期家族的契约文书。

任氏家族契约文书（李然 摄）

十一、古村新颜

在传统村落保护和乡村振兴战略的推动下，蛇盘溪村正在打造一个宜居宜业宜游的民族特色村寨。蛇盘溪村调整了传统产业结构，大力发展茶叶、脆红李等特色农林产业。

蛇盘溪村旅游资源丰富，大路坝区新的城乡规划将蛇盘溪村定位为民俗风情展示区及度假胜地。蛇盘溪村全村建设村级公路里程约54千米，通组公路的覆盖面积达到85%。穿行于蛇盘溪的大路坝至活龙坪二级路的竣工完善，彻底解决了蛇盘溪村纵深发展的交通瓶颈难题。村委会对原有的通组公路、电力、通信、网络、环保、教育、卫生等各项设施全面提档升级，村民生活环境得到全面改善，生活质量也有了大幅度提高。蛇盘溪村正全力开展最美乡村建设，改造了土家特色民居，硬化路面，修建文化广场，修缮风雨桥，古寨保护有序推进。山清水秀风光美，民风淳朴，治安良好，蛇盘溪村获得了县级文明村荣誉。

蛇盘溪村全村种植茶叶2100亩，2017年新发展茶叶200亩，茶农325户。村内成立咸丰县茶林堡专业合作社，投入资金20万元开拓茶加工新设备和茶叶生产技术改良，上线龙井和白茶等茶叶生产机械。现有股东及成员7人，年收茶鲜叶40吨左右，2017年实现茶叶收入100万元。2018年实现茶叶收入200万元。

蛇盘溪村的家畜养殖、蜜蜂养殖、生漆具有悠久历史。全村养殖山羊200只，年产值达20万元；种植辣椒100亩，年产值达5万元；177户人家养殖中蜂485桶，年产量5500斤，产值55万元；23户人家发展脆红李200亩，年产值达到11万元。近年来，村民利用互联网、自媒体等拓宽特色农林产品销路，为蛇盘溪村的特色产品走出大山闯出了一条新路。

坪坝营镇新场村

——蒋家花园　百年乡愁

新场村处湖北咸丰与重庆黔江交界之地，位于坪坝营镇西南面，距镇政府所在地甲马池19千米。村落坐落在一个青山环绕、林木葱茏的山间小盆地间。村域总面积为4.74平方千米，辖16个村民小组，总人口2548人。村落生态资源丰富，文化底蕴深厚，旅游景点繁多，保存有鄂西地区最大的标准对称性吊脚楼花园建筑和土家族优秀传统文化。坪坝营镇新场村于2014年列入第三批中国传统村落名录。

蒋家花园及繁华新场（咸丰住建局提供）

一、古集新场

新场古时为川鄂边界集场，因其南 2500 米处有一川鄂两省共辖集镇——沙子场，新场建集镇开场比沙子场迟，故名新场。清朝时，新场村属于平阳里管辖。1941 年 8 月撤区裁联保，建新甲乡。新场集场有街道长约 60 米、宽约 3 米，石板铺筑路面。格局为以东西向的观音大道与南北向的杨沙大道垂直相交，形成"T"字形三岔路口，连接重庆（原川东邻鄂），东南方向的驿道可连通湖北来凤、湘西龙山。新场曾有私人饭店、药铺各 1 个，住户 10 户 80 余人。

新场村地势险要，清同治《咸丰县志》和民国版《咸丰县志》均记载了咸丰县新场李家湾有"蛮王牌"："蛮王石碑，在今县西九十里，相传古蛮王树此。字迹年久磨灭。"清同治《咸丰县志》还记载有宋奇耀《蛮王石牌》诗文一首："蛮王牌上草萋萋，远近人家一望迷。秋老梧桐山欲瘦，春深杨柳鸟争啼。图开楚北方千里，洞绕湖南第九溪。兵燹屡经余旧迹，高悬砥柱夜郎西。"蛮王牌现属于新场村连界的三岔坝村。

中华人民共和国成立以来，区划多变。1951 年初期建新场乡，扩建旧街，长增加到 80 米，宽扩至 4～5 米，泥钻碎石路面。集场面积约 0.03 平方千米，农历逢一、六赶集。有住户 48 户 1000 余人（常住人口 800 人）。集镇上设有商业、供销、中小学校、卫生所等部门，从咸丰县城有隔日客运班车开往这里。1957 年，建甲马池区，新场归甲马池区管辖。人民公社时期，属甲马池公社。1984 年 3 月，新场乡属杨洞区，面积达 39 平方千米。1996 年撤区并乡后，新场归杨洞乡管辖，下辖 6 个村（新场村、大铧尖村、走马岭村、三岔坝村、真假坑村、苟家营村）。2011 年撤销杨洞乡并入甲马池镇，新场归属甲马池镇管辖。2002 年，由原新场村、大铧尖村、走马岭村合并建立新场村，属甲马池镇管辖，到 2012 年，甲马池镇更名为坪坝营镇，新场村也就归坪坝营镇管辖，延续到现在。

蛮王牌（咸丰县住建局供图）

新场起源于何时已无所考，但乡村集场兴起莫不赖于交通，概因新场地处川鄂边地交通要点，为边境地重要的驿路小站、乡野市集，在长时段发展建设中逐渐生长壮大。从地图上看，新场村地处川（渝）鄂交界，与重庆市黔江区邻鄂镇沙子场社区接壤。川鄂相接的地理交通特征，使其成为明清以来陆地交通的重要驿站，在接通江汉平原至重庆、成都的大西南驿道里发挥着重要作用。这条打通荆楚、吴越、潇湘和巴蜀的大西南驿道的川鄂衔接段，被当地人称为"盐茶古道"，是明清时期因唐崖土司兴盛而逐渐稳定和畅通的官道。当时，它还是土司向朝廷进贡方物和接受王朝回赐物品的进出通道。往来商贾、官宦、旅人、僧侣和俗民乐取其道，古道日间人货络绎不绝。稳定的时局、川鄂地区贸易的需求以及畅通的交通造就了新场集市在川鄂边地的兴起。由于集场地处川鄂交界，商贸活跃，迁来的人多从事商贾，因而呈现出"沿市而居"格局特征。

二、新场人家

清改土归流措施的实施，使川鄂邻近地区的开放程度获得拓展，外来移民、解甲军户、流动商贩逐渐定居于此，开发山林，形成了新场村民族杂居和多元文化交流格局。新场村为多民族杂居村落，以土家族居多，另有汉族、苗族等民族。与武陵民族地区一些典型的单姓村明显不同的是，新场村为杂姓村，村民主要姓氏有彭、谌、文、杨、张、李、卫、蒋、向、黄、周、田、冉等，其中大姓氏包括彭、谌、文、杨、卫、蒋等。

现住村民大多来自贵州、湖南和四川等地，多是明清以来因灾荒、战乱、经商等迁徙而来。在蒋家花园的对面，有一个很大的岩洞，当地称它为"穿洞"。这个洞在一座小山坡上，看起来是个石缝，比较深。洞的下边有一条小河，由于现在洞周围长了很多树和草，看不清楚。目测洞口高有六七米，宽有三四米。当地的老人讲，这个洞对于新场具有重要意义，早先迁徙来的老辈子人刚到此地，大都住在石洞里，开荒种地，架梁造屋后才离开山洞。平时村民在洞边干活，石洞是村民们劳作期间休息的地方。下大雨的时候，村民会到穿洞里躲雨。后来穿洞被大户人家蒋家占了，把穿洞当作私家重地，用它来储存粮食，有时候也当作避匪避难的藏匿点。

中华人民共和国成立前，新场村最大的家族就是蒋家，是新场村的"土豪""霸主"。新场蒋氏先祖蒋继和，一度官至诰授奉直大夫，先民世居湖南常德，在继和公一代迁至湖北咸丰，已传承20余代。

新场村蒋家家园对面的穿洞
（李文艺 摄）

新场蒋氏经过多代的经营，逐渐成为地方大土豪，田广人多，家庭中有功名者，在县州为官者众。当时，蒋家出了个"狠人"蒋锡山，又名蒋昌绩，是蒋克让（蒋克勤的弟弟）的小儿子，蒋克勤（蒋益三）的侄儿，是新场蒋氏第十八代孙。由于他仗着蒋家财大势大,经常拿村民的粮食等东西,像个"撮瓢"一样瓜分百姓的粮食,村民对他既厌恶又惧怕,因而取外号"蒋撮瓢"。20世纪20年代,贺龙的红三军来到此地,活捉了"蒋撮瓢"并把蒋家钱财分给当地的百姓。

除了蒋、冉、张、李等姓氏以外,新场与三岔坝交界处还有本土居民彭氏。新场彭氏没有现存家谱,但在彭家湾彭氏聚居地完整保存了彭氏祖墓。墓志铭清晰记载了清光绪年间彭家在新场生息的状况,其中明确记载彭母吴氏为"平阳里地名大石湾生长人氏"。

彭家湾彭氏祖墓是由三座古墓组成的古墓群。墓志上铭文显示时间最早一座古墓是在清同治十三年(1874年),时间最晚的古墓为光绪乙酉年(1885年)。中间一座墓是彭家祖先彭启翰的坟墓,它的左右两边各有一座,分别是吴氏、杨氏之墓。三座墓并排而立,能够显现出三人生前关系的紧密。彭氏古墓布局与形制规整,气势宏伟,造型典雅大方,雕刻精美,寓意深远,整个咸丰县内仅有唐崖土司王墓能与其媲美。

三、蒋家花园

蒋家花园为全木结构的鄂西土家族吊脚楼式建筑,始建于20世纪初,是晚清时蒋氏富豪蒋克勤请人设计,由远近100多知名工匠用了3年才建造完成的庞大建筑群。

蒋家花园背靠一座小山,山后群山起伏绵延,自笔架山顺势而下,两边仍小山相依,似一座椅,林木葱茏。据说在修建房屋前,院落前有一条小河,河的对岸是盆地。院落的左后侧有一水库,从中引山泉水入院落后供人畜饮水,蓄水池四季流畅,清甜可口,后供集镇饮水。院落排水系统至今完好,未曾修理过。

考古资料显示,蒋家花园占地4800平方米,建筑面积2920平方米,原有5个天井、2个花园、129间房屋,今仅存3个天井、1个花园、94间房屋。房屋两端还有"龛子"(吊脚楼带栏杆的走廊,当地人叫"签子")。院落正面左右原各有一条通道,呈"八"字形,每条通道长约80米,各有两道朝门,人称"双朝门"。进口大朝门,是一道凉亭式朝门,过围墙又有一道朝门,为小朝门,前部两层院坝,均呈长方形。第一层面积约150平方米,第二层面积约187平方米。院落四周顺地势建有高大厚实围墙,全系青石砌成,高约2.2米,厚0.4米,院前的围墙建在院坝外侧的高坎上,两侧及院后的围墙全建在山上,将蒋氏宅院严实地圈了起来,仅有第一层院坝在围墙之外,围墙全长2000余米。

蒋家花园为标准对称性建筑,正中为进园大门,左右各有正屋三间,转角屋一间,最两边各有一吊脚楼厢房向院坝伸出,呈"凹"字形。正大屋由四扇木门组成,高2.2米,宽4.95米。门前装饰有落脚门神,门后一根闩门杠粗如茶碗,需两人合力才能闩上。天井对面是一座大厅,面宽4.8米,进深7.3米,

蒋家花园(咸丰县住建局供图)

高 3.61 米，厅内设置神龛，陈列祖列宗牌位，供奉香火，是蒋氏主人会见宾客、祭祀祖先、训示子孙的重要场所。大厅对面及两边是回廊式两层吊脚楼，楼下正屋为读书、就餐之用，屋外过道四面相连，过道加阶沿共宽 2.74 米，十分宽敞平整。二楼距地面 3.08 米，四周雕花栏杆，过道宽 1.84 米，楼上 34 个房间为蒋氏家人住所及仓库。从大天井四角经转角门可通两边小天井，原天井中部上方有一凉亭过道与两边房屋二楼相通，将小天井一分为二，形成两个更小的天井。

花园左侧原为大老爷蒋克勤及家人所住，其房屋布局、结构、形状与右侧小天井基本相同。右边小天井是当年蒋克俭及家人居住的地方，长 15.1 米，宽 3.46 米，建有 3 个花坛。中间一个呈圆形，两边各一个均为棱形。靠里一方为两层楼正屋，主人所用；中间是堂屋，设有神龛，供奉香火。小天井外侧亦为二层楼房，右侧楼梯正对而上，左侧楼梯顺屋而上，楼上房屋是蒋府女儿闺房，楼下是四间地窖，用于堆放杂物。女儿楼外即三层阶梯式花园，一层面积较小，栽种名贵花草，二层建有鱼池，三层面积最大，从鱼池至围墙处，植有桂花、柑橘、苹果、梨树等。时令季节一到，府内外百花竞放，丹桂飘香，硕果满枝。因此谓之"蒋家花园"。

蒋家花园建筑主体既糅合了北方建筑四合水天井高大宏伟的风格，不论是天井、正屋，或是偏房、厢房，其对称特征十分明显，在装饰上还大量使用了江南雕刻艺术，尤其院内的花园式布局，具有江南山水园林建筑的鲜明特点。大天井四周房屋、左右厢房则是土家吊脚楼建筑，深深地融合了本土文化气息。虽时隔百余年，这座被称为鄂西地区最大的标准对称性吊脚楼花园建筑，在穿越历史的长河后仍向人们展示着当年的显赫和威仪。从大门正中铺设的青石板台阶信步而上，登堂入室的庄重莫名而来。一抬眼就看见了对面排房正中的戏台，坐北朝南，檐高匾宽。跨过门槛，东西两排大厢房尽收眼底，一左一右，拱卫着北面的戏台。楼上木栏雕花，楼下椽柱顶立，中间围出一方青石铺就的天井。白天阳光铺洒，晚来星泽流淌，正是看戏的好位置。柱础的雕花像月琴和土家铁锁，有着较高的文化和艺术价值。在厢房的窗户上，镂雕的花格，造型古朴、端庄而灵动，据说蒋家最为显赫之时年年涂刷新漆。中华人民共和国成立后，蒋家大院被用作学校、村委会等，凡重大事情都要在这里举行，是村里的政治文化中心。2002年，蒋家花园被列为州级文物，并在2008年成功申报为省级文物保护单位。

四、铁匠作坊

尽管新场村是一个边境驿站和市集，但仍是一个以小农经济为基础的传统村寨，村民主要以农业、小商贸为生计。村民的一些日常生产生活用具都是通过手工作坊来完成的。铁匠、木匠、篾匠和石匠是最主要的手工艺人类型。

在新场村老街后面的一个巷子边，有一破旧的小房子，原先是村寨里的铁匠铺。铁匠铺简单粗糙，由几根杆支起作坊工棚，工棚里仅有火炉、风箱、砧桩、水缸等基本打铁设备。打铁工具只有剪刀、羊角、大锤、二锤等，燃料采用的是煤。这里是铁匠老师傅黄世明每逢新场村赶集时打铁的地方。黄师傅每逢赶集日到新场集市为村民制作菜刀、挖锄、薅锄、镰刀、火钳等生产生活用具，已差不多有60年。

1959年，黄老师傅还是初中生的时候，父亲要他学铁匠而退学，请师傅到家中教他打铁手艺。因为有了一门手艺，后来大集体的时候，他在供销社、大队都打过铁。

传统铁制工具加工制作是一项系统的生产技艺，按现在的说法可算是一项民间非物质文化遗产，但打铁所制作出来的大多是粗糙的生产生活用具，其承载的文化意义和内涵往往没有其他贵重物品（如金银器制作等）那么令人瞩目。但铁匠是"艺匠之母"，打铁必须稳、准、狠，要粗中有细、细中有粗、软硬皆施，要文中带武、武中带文，打铁需要金木水火土，缺一不可。打铁的烧—打—吃（水）一般步骤，往往是"烧红了就打，打了再烧红吃水"，在这样反复锤炼的过程中，不仅传承了铁制工具的制作流程，而且还沿袭了乡村技艺传递、手艺人价值观、人生观和世界观的人文精神。

五、民风歌谣

新场作为渝鄂相邻的山区村集,自古便传承了巴渝民风。他们为新生儿祝福唱歌,为寻求"君子好逑"则对歌,田间劳作时会娱乐嬉戏呼歌,为悼逝者而狂呼悲歌。

薅草锣鼓 薅草锣鼓是新场村传统的群体劳作时的现场号子和歌谣,多在薅二道苞谷草时进行。土家族诗人彭秋潭曾有《竹枝词》一首描绘了湘鄂渝黔边区乡村薅草锣鼓的盛况:

栽秧薅草鸣鼓锣,男男女女满山坡;

背上儿放荫凉处,男叫歌来女接歌。

薅草锣鼓欢快热烈、节奏感强,按演唱顺序分引子(或称请神)、扬歌、送神三部分。引子即歌头念白,用于薅草准备阶段,由打鼓的人起头,其起头的引子是:

锣鼓打得闹沉沉,团转来了很多人;

男女老少你且听,听我一二讲歌文;

我今闲言且不论,书归正传来表明;

早晨起,雾沉沉,白雾沉沉不见人;

东边一朵红云起,西边一朵紫云腾,

红云起,紫云腾,四方神灵下天庭;

下天庭,扎大营,地角土边旗如林。

"歌师开口把歌领唱,鸣锣敲鼓齐上阵。"念毕,鼓乐齐鸣,排队薅草,开始扬歌。扬歌,是薅草锣鼓的主要部分,内容不拘,两句换韵,灵活变化,可长可短,随心入唱。

放活路(劳作完成)时唱送神歌,也叫歌尾。歌师唱道:

看到太阳要落阴,功成圆满要送行,

各位老少你且听,各位亲戚费了心;

今天活路很起劲,以后慢慢来填情,

> 歌师锣鼓要落听，送送各位土地神，
> 土地神来土地神，我不请你你不灵，
> 今天请你上马镫，二回请你速降灵，
> 两旁齐把锣鼓振，不等天黑要收兵；
> 愚下言语来拿顺，各位老少莫多心，
> 一是天缘与地正，工完果满笑盈盈，
> 唱到此处要丢韵，恭贺主家好阳春。

哭嫁歌 哭嫁是西南许多少数民族古老而独特的婚俗。有出嫁前半个月甚至几个月就开始哭的，也有出嫁前一天哭的。哭的内容很多，一般有哭祖宗之德、爹娘之恩、姐妹之谊、兄嫂之贤、故土之情等。哭嫁歌韵律多用七字八句的顺口溜，也有五言七句等形式，如"长大成人要别离，别娘一去无归期"等。现代社会哭嫁习俗渐行渐远，新场村的《哭嫁歌》仍保留了土家人原汁原味的风格。

哭嫁的哭唱形式有独哭、对哭、众哭三种。哭嫁一般三至七夜，由邻女、姑嫂等陪哭，出嫁前晚，有告祖仪式。午夜，香烛齐燃，堂屋中覆方斗，至亲扶姑娘出堂，姑娘跪斗而哭：

> 双脚跪斗中，辞别我祖公，
> 双脚跪斗中，辞别我祖婆；
> 卑微的孙女不孝敬，长大成人撑出去。

鸡叫时，哭母亲、哭姐姐、哭媒人；黎明，嫂嫂为她穿露水衣，搭盖帕，哭嫂嫂；接亲花轿来到门口，六亲跻身于堂阶，姑娘由哥哥背出，哭哥哥；升轿子时，姑娘跪上斗梁又哭，辞爹娘；亲人"试轿"，进退凡三，姑娘又哭；此时，娘家以筷子两把，一把内抛，一把外抛，姑娘又哭。

丧鼓孝歌 老人死后，灵柩置堂屋正中，下点油灯，昼夜不息，"斋粑"豆腐祭奠亡灵，家属及近亲戴孝。灵柩停三至七天，白天请道士开路，晚上打丧鼓唱孝歌，绕棺穿花，通宵闹灵。丧礼上的丧鼓歌是古老的民间挽歌，其引子是：

> 天皇皇，天皇皇，来到贵府这丧堂。
> 他家老人归西去，孝家接我闹灵堂。

歌师你从哪里来？我从西眉山上来。

西眉山上碰什么？见到阳雀一个，画眉一双。

阳雀怎么叫？画眉怎么说……

后面的内容歌词有韵脚，都是自问自答的唱法。谁家死了人，晚上亲邻都来"看死"坐夜，歌师也不请自来，边鼓伴奏，节奏自由。歌词除忠孝节义、故事唱本外，多即兴编唱，叙述死者生平，慰勉孝家儿女。先由一歌师开"歌头"，然后众歌师进行对唱、盘歌，各显才华。孝歌还有一种形式"明七暗八"，歌师熟谙声韵，说唱自如。

清坪镇龙潭土司遗地

——"几"字沿岸 人杰地灵

郑家坝位于湖北咸丰县清坪镇中寨坝村,是一处依山傍水、聚气养生的土家族传统村寨。郑家坝与龙潭司村隔河相望,历史上由龙潭土司田氏所建,中华人民共和国成立前也曾由龙潭司管辖。其历史悠久、文化底蕴深厚,土司文化、红色文化以及民族传统文化在此共生互融,自然遗产、文化遗产资源丰富。郑家坝对岸既有龙潭土司城遗址、龙潭司起义纪念园、吊脚楼古建筑群等物质文化遗产，也有板凳龙、穿花、三棒鼓、造船技艺等非物质文化遗产，还有龙潭河、柜子峡、百年乌杨树等自然遗产。"几"字沿岸也是一个钟灵毓秀、人才辈出的传统村寨，不仅诞生了土司夫人田彩凤这样精明能干、深明大义的女中豪杰，还孕育了黄兴武、黄子全等革命者。

依托于深厚的历史文化内涵和保存完好的各类遗产资源，2012年年底中寨坝村郑家坝被列入第一批中国传统村落名录。2019年12月31日，龙潭司村被国家民族事务委员会命名为第三批"中国少数民族特色村寨"。

龙潭土司旧地俯瞰图（秦兴武　摄）

（注："几"字河道左边是龙潭土司城遗址、内是郑家坝）

一、土司旧城

中寨坝村郑家坝位于清坪镇东北方向，距离中寨坝村委会约1千米，距离清坪镇政府所在地约7千米，距黄金洞景区20千米，距咸丰县城35千米。该村面积4.1平方千米，平均海拔500米左右。郑家坝北临龙潭河，南靠踏蹄沟，东接潘家坪，西邻青枫坪。郑家坝所在之处是咸丰县的低山地区，地处河谷地段，龙潭河呈"几"字形绕村而过，正可谓"林梢烟似带，村外水如环"。地势南高北低，坡势平缓，东南西北四面均为海拔500～600米的山岭。全境地势峰峦叠嶂，溪涧沟壑纵横，峭壁林立。

郑家坝四季分明，气候温和，雨量充沛，日照较少，雾日多，无霜期长。其院落依山而建，前倚龙潭河，后靠岩峰山。耕地主要分布在院落前的河坝和院落后的山坡中。河坝田野里黄灿灿的稻谷，郁葱葱的生姜，放目四望，鹰翔蓝天，鱼跃河水，牧童与渔翁咸集，青山与河水相映。吊脚楼多依山就势而建，呈虎坐形，以"左青龙，右白虎，前朱雀，后玄武"为最佳屋场，后来讲究朝向，或坐西向东，或坐东向西，木质结构的吊脚楼通风良好、干湿适度。

郑家坝古属龙潭土司所辖，龙潭土司治所与郑家坝隔河相望。该地因龙潭河北岸有一岩石，如卧龙戏水潭中，故得名龙潭。清改土归流后，郑家坝隶属于咸丰县清坪区仁孝里，中华人民共和国成立前由龙潭司管辖，中华人民共和国成立后属清坪镇中寨坝村所辖至今。

郑家坝古村落原为龙潭司土司田氏所建，后随着疆土扩张，族人随之迁徙。清代郑氏购得此基后扩院建宅，郑家坝古村落初见雏形、渐成规模，郑家坝也由此得名。清末，郑氏家业渐颓，于是变卖祖业，被颜氏购得。颜氏族人对郑家坝院落的建设臻于完善，形成现在的郑家坝院落，其后裔也居住至今。

中寨坝全村现有居民约450户，居住人口2257人左右，主要为土家族、苗族和汉族。其中颜姓、黄姓、田姓为郑家坝的大姓，各有155、78、125户，1900多人。其他居民多为冯、王、张、陈、吴、陆、周、雷姓。郑家坝多民族人口居住格局的形成是移民迁徙与本地土家族交融的结果。本地田姓多为巴人后裔，也就是后来的龙潭土司后裔，而其他外姓均是迁徙而来，迁徙原因除因封建王朝强制迁徙屯兵屯田外，多是因遭遇灾荒、躲避战乱而搬迁至此。

二、历史遗迹

龙潭土司城遗址 龙潭土司城历史悠久。元顺帝至正六年(1346年)置龙潭安抚司,自此田氏世袭其职。清雍正十三年(1735年)改土归流,安抚司田贵龙改世袭千总。300余年的土司统治,在郑家坝一带留下了丰厚的历史遗迹。龙潭土司城修建完成于明成化年间(1465—1487),东西长约400米,南北宽约500米,占地面积约20公顷。坐北朝南,分正门、过厅、大殿三进,建有粮仓、练兵场、关庙、三辅庙等。城后有上下覃家营、棺山、箭台。城西杨柳沟及青树沟各有石墓一座。据说,司城内建有120栋木房,栋栋瓦檐相接,但现存的遗物仅有石狮一对和直径0.6米石柱础一个。一直以来,当地村民在土司城遗址上兴建学校,当地很多村民都曾在此读书求学,龙潭土司城遗址现为龙潭司村委会和龙潭村小学驻地。

清乾隆年间石狮 龙潭土司城的一对石狮雕刻于清乾隆二十七年(1762年)。2014年,因唐崖土司城申遗移存于咸丰县民族博物馆,2018年复刻了一对石狮归还,现位于龙潭司村小学前。当地村民把其当作镇村之宝。

龙潭司石狮(张柳丹 摄)

龙潭司起义纪念园　龙潭司小学操场上，大理石雕刻的龙潭司起义纪念碑详细记录了这块土地的红色历史。1927年年底，中共施鹤临时特委在此成立，至1928年12月13日，龙潭司及周边各族人民在党的领导下英勇奋斗，谱写了恩施地区革命史上的辉煌篇章。这里是恩施地区第一个地级党组织诞生地、第一个党的地区级农民政权组织驻地、第一支党领导的革命军队诞生地、第一个党的地级青年组织诞生地。

2013年，恩施州老促会和咸丰县老促会、老区办、民宗委、教育局、民政局等单位筹资，在龙潭司暴动原址上修建了龙潭司起义纪念园，以纪念这片土地上光辉的红色历史与革命文化。

龙潭司起义纪念园（张柳丹　摄）

红三军军部驻地遗址　在龙潭司暴动遗址300米处，有一间破旧的木屋，这是当年贺龙率领的红三军军部驻地遗址。此处原为当地土豪周远奎祖屋。

1933年8月24日,贺龙率领的红三军到达清坪区龙潭司,进驻周远奎家,当时的龙潭司由于农民武装暴动失败,遭反动派三次大洗劫,人民群众急切盼望红军的到来。贺龙率领的红军队伍来到龙潭司,带领群众进行打土豪等活动。在龙潭司,贺龙等红三军领导人还看望慰问了黄兴武、黄子全等红军烈属。红军驻扎龙潭司期间,龙潭司及附近清坪、狗耳石、石人坪、黑洞(今黄金洞)等地的100多名青壮年前来参加红军并组成新兵连,黄子义任新兵连连长。

红三军军部驻地遗址(张柳丹 摄)

黄子全、黄子才烈士墓 黄子全、黄子才烈士墓位于距龙潭司暴动遗址不足1.2千米的山岭中。两座烈士墓均于1999年修建,墓高约2.5米,重檐斗拱石雕砌成,石碑上刻有红五星、白鹤、日月等精美花纹,是典型的土家族墓葬形制。

黄子全又名黄埔,土家族,1904年5月20日生于咸丰县清坪镇龙潭司,幼时入塾,稍长兼习武艺,后负笈施南暨武汉。受革命进步思想影响,1924年加入中国共产主义青年团后转入中国共产党,1927年初加入湖北省党务干部学校二期学习,8月返咸丰领导建立组织,发动农民武装起义。1928年成立农民武装总队任总队长,参与领导龙潭司起义。1928年11月底率部参加中国工农红军,在利川、恩施、宣恩、来凤、咸丰一带开展武装斗争。1929年9月12日,遭利川茅坝团总刘清平暗算而殉难,年仅25岁。

黄子才,又名黄德才,土家族,1906年4月10日生于咸丰县清坪镇龙潭司,1928年参加龙潭司农民武装总队,跟随黄子全转战鄂西南。1929年9月12日,在利川茅坝遭敌人杀害,年仅23岁。

庙宇遗址　郑家坝佛道文化盛行,广建庙宇神坛。郑家坝曾修建的庙宇有龙潭寺、鱼头庙、宝堡庙、坪上庙等。

龙潭寺也称龙潭司庙、观音庙,位于龙潭土司城内,为明代田氏土司修建,用来供奉城隍爷。袭任土司上任前一天必须要到这座城隍庙里烧香,举行大祭。清光绪三十四年(1908年),归根门十帝大会首陈道真,由朝阳山会元堂来咸丰传教,在城隍庙建立佛堂,然后延伸至各乡村庙宇,先后在中寨坝大岩沟庙、尖山玄武山庙、泗大坝灯笼寺等寺庙建立28个佛堂,龙潭寺也在其中。此后龙潭寺除信奉道教外,也信奉无根门。无根门主要供奉无极道圣母、玉皇上帝、中皇天道、双华二祖(陈清华、艾文华)、三天佛堂等。现此庙已遭受损毁,地面几乎已无遗迹可寻,为耕种用地。

鱼头庙位于郑家坝院落对面山顶,该庙后来损毁殆尽,唯剩庙墙一面,依稀可见当时情景。宝堡庙位于郑家坝院落后山顶,现在依然存在。

郑家坝古建筑群　郑家坝院落格局依山而建,拥有成片青砖灰瓦的砖木混合式土家吊脚楼古建筑群。院落中现有各类建筑55栋(历史建筑1栋、传统风貌建筑24栋、其他建筑30栋)。其中一栋历史建筑有400多年历史,木结构、吊脚楼,局部采用楠木材料,门、窗皆有雕花图案;院落房屋形式各异,有"一"字形、"L"形和"U"形,不同类型的吊脚楼错落有致,相互衬托。

由于地势原因,郑家坝的干栏式吊脚楼建造形式复杂,建筑难度较大,主要为双吊式土家吊脚楼。郑家坝的双吊式吊脚楼,称为"双头吊"或"撮箕口"。这是普通单吊式吊脚楼的发展形式,即在正房的两头皆有吊出的厢房。据郑家坝老人颜克珍说:以前的吊脚楼一般以茅草或杉树皮盖顶,也有用石板盖顶的，清改土归流后吊脚楼多用泥瓦铺盖。吊脚楼屋顶盖瓦以外，上下全用杉木建造。屋柱用大杉木凿眼，柱与柱之间用大小不一的杉木，采用榫卯结构套连在一起，虽然不用一个铁钉，但是十分坚固。木质结构的吊脚楼通风良好、干湿适度。

百年古墓 在郑家坝红鱼塘水库、地坝寨、颜家院子后山有修于清代的四处古墓。四处古墓均保存完好，皆用坚硬巨大的石条砌成，占地面积均在5平方米左右。从碑文来看，墓主人皆为当时大户人家或地方官吏。墓石上雕刻的花纹细致精美，虽历经风雨却依然清晰可见，足见当时能工巧匠们精细的石雕技艺。

红鱼塘水库旁的古墓修于清乾隆三十三年（1768年）。墓主为冉裕柄（号得权），据说是当地的一个小土司将军。冉氏墓一墓三室，三碑四柱。中间墓室主人为冉裕柄，左室为其妻田氏，右室为其妾向氏，各室皆有碑刻记录逝者的生平经历。此墓各柱之间距约1米，立柱与横梁上花纹精致，雕有缠枝花卉、虫鱼等图案，主墓室前还分刻有两头雕花蹲狮。

地坝寨有古墓两处。一处为修于清道光戊子年（1828年）的洪再贵墓，另一处为修于清光绪十二年（1886年）的颜卓墓。洪再贵墓为三碑四柱式的阁楼形制，中榜刻有"皇清待赠修职郎故显考洪氏再贵大人"，左右分别刻有"卯山""酉向"字样（"卯山酉向"表朝向）。主碑左右的两块墓碑主要刻的是墓主人后戚与亲朋的悼念之词。主碑二层作阁楼样式，左右支柱雕有盘龙，中间碑刻上书"皇恩浩荡"，碑顶有出檐，出檐上面是翘角，刻有形象生动的古人、莲花、腾云等图案。颜卓墓为二进三层的阁楼形制，左右两柱分别刻有"七秩高年绵福寿""一生正气壮山河"，通过碑文可知墓主人生于清嘉庆戊辰年（1808年），曾当过"岁贡生"。

颜家院子后山的一座颜氏先人古墓，修于清宣统元年（1909年），由碑文可知墓主为颜管氏，生于乙未年（1835年）。

龙潭司铁索桥 龙潭司渡口有一座全长120米，宽2米，高14米的铁索桥。桥身横跨南北，把龙潭河两岸连接起来。据桥头立碑《龙潭司铁索桥修复志》记载：

原龙潭司渡口铁索桥是在咸丰扶贫开发办的大力支持下，由清坪区公所组织于 1990 年修建的，1997 年 7 月 13 日被特大洪水冲毁。2000 年 9 月，在咸丰县扶贫开发办的再度支持下，由清坪镇人民政府组织修复工作，村委会积极参与，组织村民义务投工开挖基础、捐集桥板，由乾代伍工程队承建，于 2001 年 7 月竣工。该桥属老区扶贫项目，解决沿河两岸 6000 余村民过河难问题，为老区各项事业建设奠定基础。对于铁索桥的使用，村民们制定了《行人须知》，并且不定时进行修缮维护。

龙潭司铁索桥（张柳丹 摄）

三、乐舞技艺

板凳龙 板凳龙是郑家坝土家族热衷的传统舞蹈。它以三五个人举着一条扎着龙头的长条板凳相互穿绕、游走、翻滚而得名。板凳龙起源于咸丰县清坪镇羊山头村，流行于清坪镇各地，至今已有 200 多年历史。它的道具是寻常人家常用的高低板凳，不需要专门制作，随处都可以就地取材，加上动作简单易学，又可锻炼身体，所以深受郑家坝村民的喜爱。

板凳龙龙身长五尺。祖先们玩时只有一条龙，即水龙，用金竹扎成，后来玩成了两条龙，用一米左右的木板，前后钉两根舞龙棒。整个板凳龙体现金木水火土五行，意为"风调雨顺、五谷丰登"。现在玩的板凳龙，一条龙 3 人玩，即一人舞宝，两人玩龙。两条龙 5 人玩，打击乐为鼓、锣、钹、咚子，由 4 人担任，总共 9 人才能开始舞龙。随着鼓点声越来越急，舞宝人出场绕场一周，一个"亮相",引龙出洞,龙见宝后,双龙齐出,随着鼓点和舞宝者舞姿的变化,两条龙时快时慢,时而上下翻飞,时而潜龙入水。快时,只见龙身飞舞,水泼不进,棍打不进,看得人眼花缭乱;慢时,一招一式,优美细腻,彰显舞者功底,观者拍手称绝。板凳龙舞姿有"双龙出洞""宝戏龙""龙戏宝""龙拱翻""古树盘根""河鹰闪翅""雪花盖顶""黄龙缠腰""猛虎下山""双龙抱柱""双龙抢宝""懒龙翻身""神龙摆尾"等。

板凳龙在堂屋、地坝、野外都可以表演,寓意消灾避邪,祈求风调雨顺、五谷丰登、乐享太平。板凳龙舞蹈一般在佳节或者盛会时举行,尤其每年的春节和正月十五,与其他同类型的娱乐项目一起进行,或给私人、单位拜年表演。板凳龙拜年时有很多讲究:板凳龙舞到人家门前,便暂时停下来,龙头频向主人祝福,然后上下翻腾,左右盘旋,这时主人便出门庭放烟花爆竹,将红包、香烟、瓜果等送到舞龙者手中,以示答谢。据村民颜克刚说,舞板凳龙也有很多禁忌,相沿成习,如舞龙者在节庆期间要戒色、不熬夜、不杀生等。

郑家坝现今热衷于舞板凳龙的村民以中老年人为主,他们每逢节庆或闲暇时间都会相约一起舞一舞,求个热闹。郑家坝目前还有一支板凳龙表演队伍活跃于民间。

三棒鼓 "三棒鼓"又叫"花鼓",源于唐代,以抛耍三根特制的嵌有铜钱的鼓棒击鼓伴唱而得名,明代已形成曲艺。明沈德符在《顾曲杂言》中写道:"吴下向来有妇人打三棒鼓乞钱者,余幼时尚见之。"民国时期,三棒鼓流行于清坪镇各村寨,后发展到全县。三棒鼓表演既讲究唱功,又讲究抛功。"唱"的内容除了传统历史故事外,还要即兴创作。"抛功"是指抛刀的功力,花样有"黄龙缠腰""双龙抱柱""铁匠打铁""水中捞月"等20多套。

如今郑家坝的三棒鼓主要用于红白喜事的热场表演当中。黄杰是当地三棒鼓表演的名艺人,唱技、抛技了得。他平时主要从事农业生产活动,每逢红白喜事,附近的村民都会邀请他去表演。

花锣鼓 "花锣鼓"在清坪镇也被叫作"闹台锣鼓",是一种利用皮鼓、大锣、大钹、马锣等乐器进行演奏的传统音乐形式。因为其曲调热烈欢快、节奏明朗清晰，演奏起来花样变化多，气势如虹，十分热闹，因此叫花锣鼓、闹台锣鼓。

民间花锣鼓在演奏中既有合奏，也有独奏；既有启奏，也有轮奏。有时以锣为主，有时以钹为主，也有时以马锣为主。清坪郑家坝的花锣鼓表演，先是由马锣勾单点为引子，再由其他三件乐器根据其锣鼓经规律和套数加进演奏。乐曲的起承转合是由钹带动的，而且表演时乐队是按皮鼓、大锣、大钹、马锣落座，行走时则是按马锣、大钹、大锣、皮鼓的先后顺序。花锣鼓演奏有时也加入唢呐，一般在欢庆时加以使用，唢呐发音高亢嘹亮，是花锣鼓中独具特色的伴奏乐器。

花锣鼓演奏的曲牌内容十分丰富，有"将军令""状元红""大摆队""上山虎"等。在郑家坝，花锣鼓的使用范围很广，红白喜事、集会庆典、休闲娱乐中都会使用。

穿花　"穿花"也叫"绕棺"，是咸丰县土家族人的一种丧葬祭奠仪式，也是集传统舞蹈、民间音乐、民间文学为一体的一种传统舞蹈艺术。它流行于全县，以小村、清坪、杨洞最为盛行。

郑家坝的穿花通常由5人以上成单数进行，通常是掌坛师持红灯，第二人持宝剑，依次拿铙、大钹、大锣。如果参加的人多，还可以加进小钹、马锣、木鱼等响器。有的地方还隔1人持一盏红灯，以渲染气氛，增强表演效果。穿花走什么队形，穿什么花样，由第一人决定，第一人做什么动作后面跟着做什么动作。做动作时，两人相对，同时完成。以下沉、顺边、屈膝、挺腰为基本特点，以鸡走步（碎步）为基本步伐，一始至末。穿花时队形紧贴不散，进退自如，立蹲有致，节奏鲜明。

穿花动作丰富，名目繁多，有拜四礼、拜四方、单梅花、双梅方、五梅花、怀中抱月、犀牛望月、打千、鹤赢展翅、单一字、双一字、翘一字等30余种。在咸丰众多的穿花舞蹈中，以小村、清坪、杨洞的动作为最丰富，最具特点。郑家坝的穿花以动作灵活、优美大方为主要特点。

穿花原盛行于民间丧事活动中，但后来经过民间艺人的加工提炼，其动作及表演形式大多脱离了佛教、道教的约束，进而演变成独立的民族民间舞蹈。咸丰县文化馆曾将它改编为"红灯舞"搬上舞台，但清坪郑家坝穿花仍保持着原来的形式，仍主要用于丧葬仪式当中，鲜有将其作为舞蹈艺术登台表演。

木船制作技艺 郑家坝处于龙潭河河谷地区，靠水吃水是郑家坝祖祖辈辈的生存方式，出河捕鱼、外出都少不了木船，因此郑家坝几乎家家户户都有自己的木船，也都熟练掌握木船制作技艺。郑家坝的木船都是就地取材，一般采用的是当地常见的杉木。根据准备好的材料，用墨斗、刨子、锯子、角尺等工具经过弹墨、划线、刨平、打孔、制钉、拼合等工序，按一定尺寸比例、角度组装成型。然后用麻绳石灰扎实缝隙，再上桐油油漆刷个3～5遍，木船就大功告成了。郑家坝人所造木船十分稳固且便于操作，用村民颜柏松的说法就是"可以用个十几年不会坏"。

四、生活习俗

嗜酸辣，好饮酒 郑家坝的居民饮食口味以酸辣为主，每家每户几乎都有酸菜坛、晒干辣椒，几乎天天不离酸菜、辣椒。村民喜欢熏制腊肉、腌肉、腌鱼、鱼干、香肠等。豆腐、合渣是两类常见豆制菜肴，一般贵客来临都会磨豆腐款待，还爱做豆豉、霉豆腐、香肠，有晒干豇豆、竹笋、土豆片等习俗。此外，喜食凉拌鱼腥草（俗称"折耳根"）、木姜子（即山胡椒）、野葱等，鱼虾也是郑家坝人饭桌上必不可少的菜肴。

郑家坝人的饮食习惯为平时一日三餐，闲时两餐。插秧等农忙季节，早餐之前要"过早"。水稻、苞谷、洋芋是当地的日常主食，此外也经常制作糍粑、团馓等季节性主食。当地的传统风味美食有八宝合饭、腊肉、鲊海椒、社饭、洋芋饭、米豆腐、豆皮、糍粑等。

喜欢饮酒也是郑家坝的一大饮食特点，有"无酒不成席""怪酒不怪菜"之说，一般家里都会自己酿酒，主要有苞谷酒、高粱酒、红苕酒、梅子酒、刺梨酒或者用中草药泡制的保健酒。在当地不吃饭菜只饮酒，一般称为"扯冷疙瘩"。

民间信仰　郑家坝土家族有着多样的自然崇拜、祖先崇拜等原始宗教信仰形式。清"改土归流"后，随着佛教、道教的传入，信仰佛道两教居多。儒道释三教信仰体现在婚丧嫁娶及节日、祭祀等日常生活中。

自然崇拜主要表现为对天、地、水、火的崇拜。祖先崇拜是对血亲先辈的敬仰，是原始宗教的重要表现形式。中华人民共和国成立前，郑家坝的颜姓、田姓、黄姓都建有宗祠，置有祭田祭祀祖先。如今每逢重要传统节日，郑家坝每家也都会举行祭祖仪式。郑家坝每户堂屋都供奉"天地君亲师"牌位，其中有家族祖先神位。

五、奇山异水

龙潭河　龙潭河是咸丰县境内最长的河流，被尊称为咸丰的母亲河。龙潭河属乌江水系，发源于利川市东南部安家山，全长248.7千米，流域面积5585平方千米，为乌江水系的第一大支流。龙潭河在咸丰县境内长94千米，流域面积2419平方千米。龙潭河因其自东北向西南流去，故有"岸转涪江，倒流三千八百里"之说。

咸丰境内的龙潭河因其流经区域不同而称呼有异：上游一度称龙潭河（因龙潭土司得名）；其中在咸丰黄金洞乡境称黑洞河、太平河、干厢河；在清坪镇境称龙潭河、田寨河、大河；在两河口与唐崖河汇合后称唐崖河。

柜子峡　柜子峡位于太平坝至龙潭司之间，距清坪镇政府所在地约5千米，峡长400米。极目远眺，其峡身形状犹似当地村民家中储物的"羊角柜"，故得名。柜子峡内绵延数里的百丈悬崖形如刀砍斧劈，耸立云天，气势磅礴。整个河道，有的巨石板铺地，河水从石上流过，清澈而平滑，无数青螺洒在石板上，点点滴滴，犹似星罗棋布；有的卵石满滩，激起千堆白雪；古树参天，吊桥横空，流瀑飞纵，极具野趣。

乌杨树　郑家坝龙潭河上游有一处水域被称为红鱼塘。红鱼塘因田寨河水电站建成，水位上升，河水倒灌形成了一个美丽的三角洲水库。水库中央静静地矗立着一棵古老的乌杨树,高约 30 米,主杆直径 1.5 米。水淹之前这棵乌杨树树干挺拔粗壮,枝叶繁茂,四季常青,主干四人合抱都围不拢。据传元朝末年此树就已生长于此,至今已有 600 多年历史。2004 年田寨河水库建成截流发电,乌杨树被淹,10 余年仍矗立水中不倒,是郑家坝一道独特而靓丽的风景。

水中的百年乌杨树(张柳丹 摄)

六、名门大族

田氏一族为龙潭田土司后裔,按当地百姓的话来说是"最正宗的土家族"。元代在此设置龙潭长官司,田氏土司传至清雍正十三年(1735 年)田贵龙时,其地划入咸丰县。据田氏后人田柏贵所说,田氏土司在清后期开始变得昏庸无道,土民们苦不堪言,改土归流之后田氏一族开始没落。

关于颜氏的来源和定居经历,郑家坝颜氏族内流传的说法为:颜氏祖先为复圣颜渊,祖籍山东,颜渊第四十四世孙从山东迁入湖南常德,后因水灾又迁至宣恩猫山一带。虽然猫山地势较高,颜氏一族不再受水患之苦,但是他们居住地一带，常年苦寒，土壤贫瘠。随着人口的增长，到了颜启凤这一代，原有田土难以支撑整个家族，便不得不寻求另外的宜居之地，以便将人口分散安置。迁至郑家坝的颜启凤被称为"进山公公"，是颜渊的第七十七世孙。

黄氏家族主要居住在龙潭河北岸，相传也是从湖南迁徙而来，但比颜氏迁入郑家坝的时间早100多年，迁入时当时的龙潭土司还没有被废除。根据黄氏后人黄柏清的说法，黄氏本来是当地逃难过来的一个小家族，其先人黄俊原是一个兽医，因帮田土司阉割了一匹烈马，被土司看中，才成为了田土司的驸马，之后黄氏一族开始在龙潭司繁衍生息。

黄兴武（1902—1931）原名黄明瞭，又名黄明暸、黄明世，咸丰龙潭司人，土家族，兴武是他认识到兴建革命武装的重要性以后给自己取的名字，借以明志。

在武汉求学期间，黄兴武结识了董必武、陈潭秋、钱介盘等杰出共产党人，参加了声援"二七"罢工和"五卅"运动的示威游行。黄兴武1924年加入中国共产主义青年团，不久加入中国共产党。1928年1月，成立了中国共产党在施鹤的第一个组织——中共施鹤临时特委（受鄂西特委指导），黄兴武任特委委员兼咸丰县委书记。1931年春，黄兴武与聂维桢、聂维尧、田见龙等组织建始暴动。8月13日乘船去上海，然后转威海卫，执行党交给的更大任务，不幸在上海遇难。

黄子全（1904—1929），又名黄埔，咸丰县龙潭司人，土家族，是黄兴武的堂侄。黄子全出身地主家庭。幼时念私塾，后负笈施南和武汉，受革命和进步思想影响，1924年加入中国共产主义青年团，不久加入中国共产党。1929年1月8日，红四军进攻鹤峰县城。此后，黄子全率部在宣恩咸丰、利川一带游击。6月底，黄子全率部进入川东，在石柱黄水坝遭团防冉光寿袭击。部队突围出来后，黄子全身边仅剩20余人、13支长枪、11支短枪，退守在利川老屋基。9月2日遭利川毛坝团总刘清平暗算，割其头向上请赏。龙潭司人民得知后，冒死将黄子全的无头遗体抬回，葬于锅厂沟，年仅25岁。

刘胜林（1904—1932），龙潭司新田堡人，幼时迁居清坪团坝子，出身地主家庭，自幼好学。民国十七年（1928年）受革命思想影响，毅然加入施鹤游击大队。

他参加革命后,不断向家人宣传革命道理,表示要做一个"除暴安良,为民前锋"的红军战士。后在鹤峰太平镇战斗中负伤,1932年11月病逝,时年28岁。

七、乡土产业

20世纪以前,郑家坝一带以传统农业为主,主产水稻、玉米、小米、高粱、薯类、豆类等粮食作物。水稻品种主要有沙籼、大白籼等。其所产沙籼、白脚籼,谷壳薄,米粒完整度好,半透明,黏性适中,味香,群众誉为"贡米"。

经济作物以白柚、柑橘、脐橙、油菜、烟叶为主,而且近年来该村致力于水果(如白柚、柑橘、脐橙、脆红李等)种植。其烟叶以晒烟为主,品种有柳叶烟、兰花烟、铧口尖和大筋烟,大多为农户自种自吸,少量销往县城或外省。

猪、牛、鸡、鸭饲养比较普遍。当地人饲养的咸丰黑猪是地方良种,属西南型肉脂兼用品种。饲养生猪是村民重要的家庭副业,并积累了丰富的经验,有"穷莫丢猪,富莫丢书""逢贵莫赶,逢贱莫懒"的说法。广大农户向来把养猪看作恒久的副业,少则户养一二头,多则十几头。

养牛主要用于农耕。牛的种类有黄牛和水牛两种。黄牛是鄂西山地黄牛的重要组成部分,体型外貌具有典型的西南型黄牛特点,体小骨细,体重较轻,强健灵活,吃苦耐劳,抗寒,役使性能强,能在各种类型耕地耕作,是高山、二高山地区农业生产的主要畜力。水牛属鄂西山地水牛,体质结实,发育良好,性情温顺,持久耐劳,役用性能好,平均挽力462.9千克,可连续使役10~15天。

家禽以鸡鸭为主。一般农户都有养鸡习惯。一般户养三五只鸡,多的十余只鸡。主要养土种鸡,其嘴、脚乌黑,成龄体重2千克左右,适应性强,在分散饲养中抗病力强,耐粗饲,生产性能较好,肉蛋兼用,肉质细嫩,味道鲜美。郑家坝位于水源较好的低山地区,农户素喜养鸭,所养鄂西麻鸭,体型较小,结实活泼,适应性广,觅食能力强,产蛋率高。

高乐山镇龙家界村

——卫所遗珠 卧虎藏龙

龙家界村地处高乐山镇，东接东门沟村，西邻梅子坪村，南连白岩村，北靠团坡村，自然风光优美，民风淳朴，历史悠久，文化资源丰富。明末清初，"湖广填四川"，大量客民迁入龙家界村，或开地务农，或经商设市，与当地人共同创造了龙家界村。民国时期，龙家界村分属老里坝保、牟家寨保和子房沟保。20世纪末，龙家界村由原来的牟家寨村、柿子坪村、龙家界村合并而成。现有土家族、苗族、汉族3个民族62姓，共515户1734人，主要分布在柿子坪、张家店、吕家湾、燕硝洞、老屋基、蛤蟆塘、牟家寨、地母庙、赵家山、渔塘坪、龙家界等自然院落。整个村以农耕为主，养殖为辅，传统农作物主要有水稻、玉米、洋芋等，传统养殖以牛、猪为主。村落含有8处传统吊脚楼群、2处耕读小学旧址、2处寺庙遗址、2条盐茶古道和一片梯田等物质文化遗产；至今传承着吊脚楼营造技艺、土家石刻技艺、竹编技艺、地方民俗等非物质文化遗产；还拥有一片石林和3处较大天然溶洞、若干古树等自然遗产；村中有孝子粟大志、才子张光杰、抗日英雄张希周等历史人物。龙家界村于2019年6月被列入第五批中国传统村落名录。

群山之中的龙家界村（咸丰县住建局供图）

一、高山之巅

龙家界村地处咸丰县北大门，距离县城9千米，村域面积14.72平方千米。村内多山，地势大致由东南向西北倾斜，其地理特征为"两大山岭三面坡，峰岭连绵溪沟多,大小山丘七百余,一道长槽通马河"。龙家界山是咸丰县中部隆起的一段东北——西南走向的高山,为唐崖河和忠建河的分水岭,南面的忠建河由西向东蜿蜒,北面的唐崖河由东向西奔去。地质结构大多属于石灰岩层,故境内伏流、洼地、断沟、岩溶较多。龙家界属二高山丘陵地区,海拔在500~1300米,山势较陡,耕地主要分布在通村公路两侧。植被层次丰富,动植物种类繁多。木本植物有银杏、榉木、水杉、红豆杉等珍稀树种,主要野生动物有野猪、猕猴、獐、兔、松鼠、竹鸡、锦鸡、白鹤、杜鹃等。

特殊的山形地貌让龙家界形成"一山观两河、两河绕一山"的巨龙翻腾之势,大部分村落分布在龙家界山以西的河谷内。其自然聚落择址大多靠近田土,遵循"散处溪谷,所居必择高峻"的原则。建屋于山麓坡脚,即便在坪坝建造房屋,也要选择沟坎之处,依山傍水处。当地习惯聚族而居,以几户、十几户或数十户聚居成村寨,寨中建筑布局自由,没有明显的中轴线,吊脚楼层层叠叠,鳞次栉比,错落有序,屋前屋后户户相连,家家相通。依山顺势,远远望去,气势壮观,立面层次清晰而富于变化,成为别具特色的山地干栏建筑群落景观。

龙家界村海拔较高,特殊的地理特征造就了此地特有的气候。咸丰境内有

龙家界民居(政协咸丰县委员会提供)

数十处叫作某某界或某某盖的地名，它们多地处高山之顶，所以夏季气候宜人。近年来，龙家界村的发展融入全县全域旅游整体规划，因地制宜引进市场主体，着力打造高端精品民宿，如老屋基被发展成为"凤华民宿"。夏天县城气温32℃，老屋基气温只有26℃，空调都不需要。老屋基周围的村民也纷纷参与全域旅游之中，农家种植的蔬菜瓜果成为旅客们的"稀罕物"。

龙家界村多民族人口格局的形成是一个自发迁徙与强制迁徙相结合的过程。据《高乐山镇志（1949—2005）》记载，本地人多为巴人后裔，后迁徙而来的客民除受封建王朝征调戍屯强制迁徙外，其余大多因为明洪武二年（1369年）水灾而逃难至此。龙家界村有土家族、苗族、汉族3个民族62姓。其中土家族有田、粟、金、冉、赵、代、鲁、文、陈等49姓共246户805人。苗族有杨、朱、姚、吴4姓共108户382人。汉族有张、林、刘、何、周、吕、唐、王、蒋9姓共161户547人。其中，老屋基主要以朱姓为主，张家店、蛤蟆塘主要分布着张姓后代，吕家湾主要居住着吕姓后代，柿子坪以刘姓、林姓、吴姓为主。

二、院落族群

老屋基朱家大院位于龙家界西北方向，该聚落由朱、田二姓构成。200多年前，朱氏先祖三兄弟由贵州耍猴戏来到咸丰，老二便落户此处在此安家。朱家人丁兴旺，现已发展到数百人。朱家先祖葬于朱家大院背后，碑刻文字早已模糊。

老屋基选择依山而建，村庄规模较大，因势而立，错落有致。村落建筑以土家吊脚楼等为主，保存完好，土家特色浓郁。老屋基朱家大院呈撮箕口状布局，正屋长六间，两堂屋、两厢房亦各有房屋五六间，右边厢房为吊脚楼，院外有一口古井。正屋后面几栋木质房屋呈梯状排列，整个院落不见一栋水泥平房。新修建的水泥路在树林和院落中穿行，方便运输却无损观瞻。朱家大院的院坝边上，一株四人合抱的梧桐树苍劲挺拔，是朱家大院的历史见证。

88岁的朱惠卿老人居住在老屋基的一栋百年木房内，精神矍铄，耳聪目明，他说："老屋基院落的朱姓人家，原本从贵州迁入，繁衍生息，至今已有9代共

烟雨朦胧中的老屋基院落（龙家界村委供图）

120多人。"朱氏家族的族谱早已丢失，但朱家人依旧记得家族的行辈字派，"国文永洪万，天正应朝廷，兴安一家邦，江山进太平"。据老人回忆，朱氏家族从贵州到此定居最先是"永"字辈，位于现朱家湾，在老屋基定居始于"洪"字辈，现在最小的一辈为"安"字辈，在老屋基朱家大院已繁衍生息共9代人。其中老屋基传统民居最老的一栋是"天"字辈祖先修建，至今已传承了一百多年。老人还向我们展示了锈迹斑斑的祖传铁链，朱家先祖以耍猴戏为生来到此地定居，死后将铁链分予后人，以铭记朱氏家族在此开创基业的艰辛与不易。

张家店的张姓与蛤蟆塘张氏均属于咸丰县北子房沟张氏支系。张氏原籍山东，因军事调遣而驻扎咸丰，随后在此定居。龙家界明代属大田所，张氏在咸丰繁衍生息已有600多年。

这里溪水长流，依山而建的20多座吊脚楼错落有致，张家店的房屋布局基本保持二十世纪七八十年代的原貌，老房子均由木头建成。其中张家店最老的张家大院已有百年历史，房屋呈撮箕口状布局，正屋长五间，两边各有厢房四五间，最外以吊脚楼的形式呈现，院坝分上下两层，从宏大的房屋布局和宽敞的大院坝依稀可以看到昔日的荣耀。

  吕家湾地处半山腰的山湾之处，因整个院落都是吕姓而得名。吕家湾属于龙家界村的一个自然院落，现属于第4生产小组，整个院落大约有12户人家。据老木匠吕家连讲述，吕家湾的先祖大约是在明洪武年间随郑家逃难而来，祖籍荆州石首，在此已繁衍生息12代人。

  吕家湾的房屋全为木质结构的建筑，且几乎全部出自吕家连之手。房屋错落有致，现由于生态植被的覆盖，全部隐藏在茂密的树林之中。欲到村寨，必须穿过一座小桥。桥下的这一条小溪，因上游无人居住，溪水绿色无污染，清澈见底，可以直接饮用。

  蛤蟆塘距离龙家界村委大约12千米，蛤蟆塘在当地人方言又称"客蚂塘"。蛤蟆塘院落的位置较低，位于山中的谷地。据老人讲，很久以前，在蛤蟆塘院落的底部有一个水塘（现为大水田，种植水稻），但这个水塘比较小，状如蝌蚪，而蝌蚪在当地被叫作"客蚂儿"，"客蚂塘"根据这口水塘而命名。另据《咸丰地名志》介绍，蛤蟆塘也是因为此地多蛤蟆而得名。

  蛤蟆塘主要是张姓和杨姓，张姓与张家店张氏同源。张氏家族祖上是教书匠，开办私塾教书，首先在梅子坪开场办学，后搬迁到子房沟，最后定居于蛤蟆塘，在蛤蟆塘继续开办私塾教书。蛤蟆塘出过不少传奇人物，张家是书香世家，文化底蕴深厚，其后代也是人才辈出。有明代江汉书院的张光杰及其弟张光楚，民国时期抗日将领张大斌，以及现代白果乡乡长张正标、水电工程师张大恒、重修家谱的张世鼎等。

  蛤蟆塘大约有40户人家，现存传统民居大约占整个村落的三分之二。蛤蟆塘最老的天井式院落保存完整的仅剩一处，残存的院落布局依据院坝的形状，其条石依旧清晰可见。

  柿子坪分为上柿子坪和下柿子坪，柿子坪得名源于村落布局的地形和柿子树。柿子坪以前有棵大柿子树（现已不存），大柿子树成为这块土地的标志物，所以当地人就以树命名。柿子坪共有60多户人家，200多人，其中传统木制民居共计30栋左右，主要集中在下柿子坪，最老的木房屋有一百多年历史。全村时间较久远的房屋有四五栋,其余为中华人民共和国成立后所建。村中主要居住着林、刘、吴、秦等家族,其中林姓和刘姓是大家族。林姓家族由江浙一带迁移过来,刘姓家族是从贵州安化县迁移而来。柿子坪也出过一位名人——咸丰县副县长刘德钦;也出过有名的石匠——吴自清,他在村周围和村里做手艺,石雕技艺好,村里的水缸、猪槽、磨子、碑坟等大多出自他手。

柿子坪地势相对于龙家界其他村落垂直坡度较为平缓,横向面较为平整,所以柿子坪是龙家界村农业发展最好的村落,从河谷到山顶梯田不间断,村落房屋在梯田的上部。梯田全部为水田,以前全部种水稻,现在大部分改种为经济作物,有莲藕、菖蒲、芋头等水生作物,还有水果蔬菜等旱地作物。由于柿子坪村离县城较近,所以柿子坪村成为县城主要的蔬菜、水果供应基地。

蒋家榨坊位于"连五台"盐茶古道路段的旁边,在吴家店子往上走1000米左右的山湾里。榨坊在20世纪80年代被拆除,变成了耕地,但从土地里仍然可以找到许多细碎的瓦砾、瓷片等。蒋家榨坊在盐茶古道上,也处于活龙、尖山等地到咸丰县城的主路边。盐茶古道上的挑夫、周围村民到咸丰城都须经过这里。榨坊主要压榨菜籽油、桐油等。蒋家在盐茶古道边开设榨坊,一方面是为了售卖,另一方面也方便周围的百姓。龙家界仅此一家榨坊,周围村民都将菜籽、桐子、茶籽等背到这里榨油。盐茶古道最兴盛时,也是榨坊最兴盛的时候。

牟家寨现在没有牟姓人家,因之前是由一家来自利川的牟姓人家在此居住而取名牟家寨。据说,牟家在清朝时期被隔壁村的张氏家族名叫张大烟的地主赶走。中华人民共和国成立后,实行土地改革,国家按照人口多少分了张大地主的房屋和田地,大院分给周、赵、杨、张、向五户人家。牟家寨大院由牟姓转为张姓,再由张姓转变为一个杂姓院落,虽几经易主,但面貌犹存。

牟家寨大约有40户人家,其中传统民居仍占半数以上。正屋长五间、左右转角各有三间厢房对称延伸,朝门、石梯一应俱全。飞檐翘角已被拆走,但石梯两侧高大的桂花树和房屋四周高大的院墙却保存完好。院子已有一百多年历史,依旧保持了原来的格局,门前古桂花树是院落最好的见证。一米多厚的围墙由石块堆砌而成,只留朝门处和后门的出入口。在这个大院子里,曾办过耕读小学。

耕读小学根据村民家长的要求，或让他们的子女半日读书半日劳动，或间日读书间日劳动，或早晚读书白天劳动，做到劳动学习两不误。课程开设少而精，只学语文（包括农村应用文）和算术（包括珠算）两门。1965年3月，县里成立半工（农）半读工作委员会，下设耕读教育办公室。据《咸丰县志》记载，当年咸丰耕读小学达到834所，学生12734人，占在校小学生的38%。

龙家界村现完整保存耕读小学旧址，一处是在龙家界村老屋基，由原来院子的一间堂屋改造而成，在大门的顶端至今保留着两行红色的文字，第一行是耕读小学筹办单位"咸丰县城关区老里坝公社四大队"，第二行是耕读小学名称"老屋基耕读小学"，旧址现保存完好。第二处在龙家界村牟家寨大院，学校旧址就是老院子的堂屋，学校名字叫"幸福大队耕读小学"。

老屋基耕读小学旧址大门（王才道 摄）

三、商贸古道

龙家界是咸丰县城往西北通往唐崖土司城、往东北通往金峒土司城以及郁山、万州的盐茶古道必经中转地。

在龙家界村有两条盐茶古道清晰可见：一是以张家店为节点的由咸丰通往北部利川方向的商贸古道；二是以邻村吴家店为节点的通向西部黔江方向的重要古道。过去在古道上的贸易活动，主要是通过挑夫将桐油、茶叶、生漆等产品外运，回来时，又从外面挑来食盐。吴家店子这段盐茶古道主要是从活龙乡一带前往咸丰县城，要翻越龙家界牛角山，海拔从500米上升到1200多米，坡度大，行走更艰难，当地人取名为"连五台"。"连五台"，顾名思义，通过这条古道要经过"五台"：第一台是梅子坪；第二台是沙沟；第三台是吴家店子，挑夫们都会在此歇脚；第四台是地母庙；第五台是赵家山。整段路程一直在往上爬，对于挑夫的体力甚是考验。

四、民俗百工

民间祭祀 祭祀祖先活动主要发生在重大节日期间，比如春节、春社、清明节、端午节、月半节、中秋节、重阳节等节日。堂屋有"天地君亲师"牌位的安置，祭祀先祖亲人时，有烧"包封"的习俗。如年三十烧"包封"，在下午团年饭办好后，先取一些饭菜端上桌祭祀祖先，桌上供有"寄"给祖先的"包封"，即将纸钱用皮纸包好成封，再按规定格式写上某某祖先的名号，封成一包。将这些"包封"焚烧完毕，再回来吃团年饭。土家族苗族人家对自然充满崇拜，认为万物皆有灵。另外，他们还信仰"梅山神"等，狩猎时，亦要拜祭。

庙宇遗址 地母庙遗址在"连五台"盐茶古道的第四台，蒋家榨坊的北边，大概是1951年被拆除。现为耕地，地表无迹可寻。地母，是中国农耕民族在原始宗教中对土地的崇拜而所信仰的大地女神，是大地之母，是万物的生灵，被视为万物之母。民众为了达到丰衣足食、安居乐业之目的，建庙塑像祭祀地母，以求赐福灭灾，给众生带来吉祥康泰。牛角山庙遗址处于"连五台"盐茶古道的顶端，庙宇后被拆除，现在地表可看见庙宇的地基石墙。在盐茶古道最兴盛时，庙宇的香火也最旺盛。

石雕技艺 据民国版《咸丰县志》记载："百工多系本地居民，亦有自外来者。""匠作颇佳，如木、石、雕刻，铜、铁、裁缝等器物具在可知也。"石雕，又称为石刻，是对一种石头或在石头上打磨雕刻加工而成的各种器具或艺术品的艺术形式，它与中国古代的其他雕塑类如木雕、根雕、泥塑等传统雕塑一样，是一种最古老的艺术形式。

石雕（尖山石刻）是咸丰非物质文化遗产传统美术类中的一种。以青岩和砂岩为主的石头经过能工巧匠手工打磨雕琢，形成各种石碑、石磨、石栏杆及各种工艺品。石刻作品形状各异、轮廓分明、图案丰富、线条流畅清晰，加工过程技法难度大，技艺高超、设计精心巧妙，需要经过打磨毛坯、敲打、切割、琢磨修正等多道工艺流程。石刻的内容丰富，题材多样，雕刻手法繁复，基本以写实风格的人物、动物、花鸟虫鱼居多；从题材上，分为吉祥图案、历史典故、戏剧人物、神话故事及日常生活类、驱邪纳瑞的吉祥物类等；从制作工艺手法上，分为圆雕、浮雕、线雕、镂雕等；从用途上，分为观赏型与实用型等。

2009年，石雕（尖山石刻）被公布为县级非物质文化遗产名录项目；2013年，被公布为州级非物质文化遗产名录项目。龙家界村鲁绪海、鲁绪健诸兄弟和杨纯富的石雕工艺远近闻名，是石雕技艺的传承人。

吊脚楼营造技艺　土家族先民早在采集狩猎时期，以树筑巢、以石垒屋、凭石洞而居。"树巢居"则

石雕磉礅（柱础）（咸丰县住建局供图）

是土家先民为防潮湿、防野兽在树上搭建居住的简陋窝棚，后与其他民族文化相互影响，发展成转角吊脚楼，成为土家族当代的主要建筑风格。咸丰的吊脚楼大多是飞檐翘角，回廊吊柱。在单体式的吊脚楼中，有的是四合天井三面回廊；有的呈撮箕口布局，东西（或南北）两厢房各三面回廊；有的是"钥匙头"两面回廊。它们有的依山而建，有的临溪而立，有的悬在山边，有的矗在坪坝，各具特色。

咸丰县境内的吊脚楼具有典型的代表性，是第三批国家级非物质文化遗产代表性项目。龙家界村吊脚楼营造技艺传承人（又称"掌墨师"，"掌墨师"意思是掌控墨线的师傅，即是传统修房造屋时全程主持建设的"总工程师"）以林朝艳等人为代表。土家人住房一般是一正一厢或两厢房。正屋一般三间，中间用以祭祖和待客，左间为居室，右间设火坑。两厢为吊脚楼，楼上住人，楼下饲养牲畜。吊脚楼建筑底层不围篱墙，楼上有阳台，有木制的栏杆。在一些富贵人家，杆栏和窗栏上均镂刻有各种花卉图案，造型别致古雅。

生产生活用具 清改土归流以前，土家地区手工业发展十分缓慢，生产技术水平落后。改土归流后，不少汉族手工业者迁入土家族地区，使这一地区民族文化习俗趋向融合，农业、手工业技术水平得到了提高，技术范围进一步拓宽。这一期间，石刻、木工的雕镂、铁质农具的铸造等都达到了较高的水平。

众多传统生产生活用具按照制作原材料可分为石制品、木制品、竹制品等。石制品工具有石磨、碓窝、石碾、水缸、猪食槽等。木制品有擂子、风车、扳桶等。擂子又名泥磨，是现代版的打米机，是20世纪70年代以前农民打米（给稻谷去壳）的工具。擂谷子可是一件琐碎的活，首先要把稻谷从仓房取出，擂前要先用风车或簸箕吹一吹，扬去瘪壳，然后才用擂子擂除稻壳。最后用风车扬去谷糠，用簸箕筛出泥颗粒。扳桶，也叫扳斗，就是打谷子时在稻田里用来盛装谷子的工具，四方，底稍小一点，两侧安有"耳朵"，以便打谷子时在田里能拖动。竹制品有竹晒席、簸箕、筛子、撮箕、背篓等，都是用竹子做原材料，分别用竹片、竹丝编成的生产工具。

五、地域饮食

土家人的日常主食除米饭外，以苞谷饭最为常见，有时也吃豆饭。粑粑也是土家族季节性的主食，有糯糍粑、粽粑、米粑、苞谷粑、洋芋粑、水荞粑等各种类别。

特色美食有酸辣子、鲊辣椒、糟辣子、泡酸菜、腊肉等。土家族菜肴以酸辣为其主要特点。酸辣子是将红鲜辣椒拌玉米舂细粉粒，装于扑水坛中，半月后可食，食法有干炒、水煮；鲊辣椒是将红鲜椒切碎，加生姜、花椒和盐，密封坛中，既可直接食用，又可作佐料。民间家家都有酸菜缸，用以腌泡酸菜，几乎家家户户都有几个或十多个酸菜坛子。腊肉更是土家人最喜爱的菜食，进入腊月，家家户户杀年猪，一般人家杀一头或两头。将鲜肉抹上食盐、花椒等，在缸内腌10天左右，挂在炕上慢慢熏干，夏季埋于谷堆储存。其肉色红，味香，十分可口，是逢年过节款待贵宾的佳肴。

土家族糯米酒和油茶汤是在节日或待客时必不可少之物。糯米酒，其中常见的是用糯米、高粱酿制的甜酒和咂酒，度数不高，味道纯正。凡客至家，必以酒招待。婚丧喜庆，必设酒宴。油茶汤是咸丰县具有浓厚地域特点的美食，喝起来清香爽口，十分诱人，具有消暑解饥、提神消困的功效。油茶汤的制作工艺是先把油倒进锅烧开，然后把茶叶、生姜粒、蒜叶放进锅中炸酥，再放进一碗水，用锅铲在锅中反复压挤茶叶，视水变为茶色后，再按人多少添水至沸。吃时，把事先炸酥的阴米、豆腐干、苞谷粒、花米、核桃仁、粉条节盛在碗里。喝时，一般不用筷子，旋着碗喝。茶汤油而不腻，清香可口，提神解渴，驱热御寒。清嘉庆贡生蒋士槐在一首杂咏诗中就提到咸丰土家族传统美食油茶汤："依山傍水一家家，风土人情不太差。唯有客来治旧习，常须咂酒与油茶。"

六、古树崖洞

龙家界村传统生态资源丰富，植被覆盖率高，几乎每个传统院落都有几株古树，有"古树抱村"之美名。

古桂花树 龙家界村何家田、杨学敬宅基前的老桂花树，树龄150年左右，树高20多米，树围1.1米，冠幅20多米。牟家寨两棵古桂花树是当年牟家大院朝门前的风景树。柿子坪秦中能家院坝前一株古桂花树，树龄已上百年。树干虽千疮百孔，但依旧生机盎然，亭亭如盖。

古泡桐树 老屋基朱家大院外有一棵古泡桐树，学名白花泡桐。古泡桐树原有两株，2002年古树名木普查时，树龄为110多年，树高23米，树围43厘米，冠幅11米，被列为三级保护对象。现存活一株，树龄大概130年左右，另一株的躯壳仍残留在旁。

红豆杉 柿子坪有两株珍贵的红豆杉，俗称雪柏树，是国家一级保护植物。红豆杉的防腐能力很强，据刘姓老人讲述："用红豆杉做的棺材，埋在土里几十年不会腐烂""用红豆杉做的木盆，盛放新鲜肉，在六月间，不沾水，新鲜肉三天不会发臭"。

龙嘴崖与盘龙松 沿龙家界东行6千米便是龙家界最高的山峰，海拔1331.2米，方圆1平方千米，咸丰县广播电视台后山无线发射中心就建在龙家界山顶上，是不可多得的制高点。在山峰顶端有一处断崖，当地人称龙嘴崖，因在悬崖绝壁的上端一块巨石形如天龙翘首，张口长啸而得名。岩石上裂纹密布，状如鳞甲。另外，在龙嘴上生长着一株直径0.2米多、高不足3米的马尾松。其饱经风霜雨雪，长势奇异，枝丫盘旋交错，如数龙盘绕，名曰盘龙松。

老屋基古泡桐树（字荣耀 摄）

溶洞与石林 龙家界属于岩溶峰丛地貌，地形复杂，有高峻的山峰、密布

神秘的溶洞入口（王才道 摄）

的沟壑和溶洞，还有一片石林。溶洞也叫燕硝洞，因洞内为春燕栖身之所，又盛产硝土，故名。燕硝洞位于龙家界中心区，在进入吕家湾公路旁边沟壑之中，洞口高大雄伟，洞内水声轰鸣。龙家界村到处分布着溶洞，龙家界往牟家寨方向的两墙口山谷中有一处巨大的首尾相通的山洞。柿子坪村对面的山上有一处洞口很小，但洞内空间巨大的洞穴。村中还有许多山洞，有干洞，有湿洞，有的洞穴住过人，有的洞穴存放过粮食。落水洞曾经还被恩施电视台《幺妹带你耍》报道过，这些洞穴为龙家界村增添了几分神秘。

七、乡村人物

龙家界多民族共居，多元文化交汇，文化底蕴深厚。村内张氏家族、朱氏家族、杨氏家族、吕氏家族、刘氏家族、林氏家族等家族历代人才辈出。

粟大志 牟家寨孝子粟大志因孝行感人，其人其事被载于1914年版《咸丰县志·人物》："太和里牟家寨人，十二龄童子也，尝从张薪翘茂才读，其至性笃伦，已为一堂所推。壬戌正月，石达开由来凤窜咸丰，踞牟家寨一带，有贼入粟宅，合家争避，惟大志奉其老瞽祖母，不忍离左右。一日，贼杀猫烹熟，叱瞽母分食，不应，贼怒，捶其两手。大志谓祖母气息奄奄，朝不保夕，叩头乞轻。又一日，贼举刀欲断祖母喉，即长跪贼前，泣下沾襟，且言甘容婉，愿以身代。贼怒，抱大志出门外，大志从容泣曰：'童子死何所憾？唯亲恩未报，祖德未酬，请稍缓！'向天礼拜毕，遂被害，时是月十三日未时事也。处士张桂轩并作歌以吊之。"

张光楚 本村张氏家族先祖张光楚深入匪窟，涉险救兄，以及保一方平安的事迹也广为流传。据1914年版《咸丰县志·人物》记载："张光楚，字薪翘，本村张氏家族先祖。其幼敦重勤学，逾冠游泮，随侍祖思诚学博任所蕲州，人文渊薮，士尚浮华，思诚率以端介朴诚，风气为之一变。先生随侍未久，以时方多故，奉其祖归里。咸丰辛酉年，粤匪扰县境，合家避匿山中，兄光杰为匪所获，情急号呼：'二弟救我！'先生至林莽中趋出，哀其群匪释兄，愿以身代，不允许，以重贿乃纵。先生归时隆冬，奔走冰天雪窖中，经宿，奉重资达匪窟，赎兄及两侄回家。先生制行端谨，治家严明。梅子坪一荒村，自先生卜宅于兹，整饬风教，俗为一变。旋设集其间，俾土人贸易称便。光绪初，突来匪类盘踞，躬率子弟驱逐，整饬团甲，阖境以安。"

张光杰 张光杰，字俊甫，本村张氏家族先祖。据1914年版《咸丰县志·人物》记载："髫年游泮，肄业江汉书院多载。七试乡闱，两膺房荐不第，仅以岁贡就职，候选训导。友教30年，门下士发迹者众。其为文朴实清雅，一禀先型。晚年益励节行，领袖士林，有澹台子羽之目。清同治三年（1864年）邑令张梓聘修县志，克期藏事，现梓行者，即其所手著也，卒年七十岁。子明泰，更名质，拔贡生，有文名。"张光杰执笔编纂了清同治四年版（1865年）《咸丰县志》，这是今天能见到的咸丰县最早的一部县志，虽有早先施州卫指挥使童昶编纂卫、所两部志书，但均毁于兵燹。如果没有张光杰之县志，我们对于咸丰的历史更是迷惘。

张希周 张希周(1919—1950)，字大斌，龙家界蛤蟆塘人。17岁毕业于省立十三中学（在恩施），后继续就读于重庆中央警校。据其子张世谷回忆，其父警校毕业后即赴抗日前线鄂北随县对日寇作战，担任游击大队长。在一次战斗中张希周负伤昏迷，鬼子在我军伤亡官兵堆中翻到他的身体，用刺刀向他大腿猛刺，他却纹丝不动，于血泊中幸存下来，但腿上却永远留下了大块伤疤。

杨润 杨润生于民国十八年（1929年）5月21日，龙家界村牟家寨人，终生从事民族工作，是咸丰县民族工作第一人。1957年10月，杨润受县政府委派，以咸丰县人民政府民政科民族工作专职干部身份出席湖北省委统战部和省人民政府民族处召开的全省第一次民族工作会议，着重研究鄂西南土家族的识别和民族调查工作。1958年，杨润在咸丰县委、县政府组织土家族、苗族及其他少数民族进行的调查摸底工作中，认真负责，作出了重要贡献。同年6月，杨润带领咸丰土家族、苗族代表11人参加恩施专署民族宗教科组织的全地区8个县少数民族代表团共50人赴省参观"全国少数民族展览会"，受到湖北省省长张体学、副省长王海山及省委统战部部长、秘书长等领导同志的接见。回县后,他广泛宣传党的民族政策,大大促进了全县的民族工作。杨润在长期的民族工作中,为了弘扬民族文化,进行了大量的调查研究,撰写了很多民风民俗文章,如《苗草鞋》《"连刀肉"和"赶年"》《立新房说福事》《上梁歌》《柜子抢上前》等。退休后,杨润仍不忘民族工作,继续整理以前搜集的资料和记录。咸丰县民委、政协咸丰县委员会编撰《咸丰文史资料》(第5辑)民族史料专辑中,杨润撰写的《我县民族工作回顾》是一篇实录咸丰县民族工作历程的重要史料。

八、绿水青山

龙家界村传统产业为种植业,当地人把粮食作物分成主粮和杂粮。主粮包括玉米、稻谷、大豆、土豆、红薯、小麦和油菜。杂粮包括荞、粟和多种豆类。在低山地区,农家以稻为正粮,辅之以玉米、红薯、小麦等。玉米在低山为杂粮,高山农家则以玉米为正粮,辅以红薯、土豆等。龙家界村资源丰富,1958年公社化时期,曾建立咸丰县糖厂,后改名为咸丰县国营药材厂。

龙家界村培育出咸丰糖梨、烟草等一批名优特产。20世纪60年代,咸丰县从日本引进品质上乘、丰产性强的"长十郎"梨接穗,与本县培育的优质砧木嫁接,选育出风味独特的糖梨品种。咸丰糖梨果实中大、皮薄核小、汁多无渣、含糖较高、味道清香、脆而不腻,畅销全国10多个省市。咸丰糖梨已成为武陵山区水果市场的一个知名品牌。如今,城郊望城坡一带已有上万亩梨园,龙家界村的糖梨主要分布在柿子坪,其他自然村落零星分布。

烟草类有土烟、烤烟、白肋烟,土烟是本地叶子烟,又叫晒烟,有半花烟、柳叶烟等品种,烤烟和白肋烟是20世纪60年代后引进发展的新品种。烟草是龙家界村主要的经济作物之一,在全村各自然村落均有分布。

20世纪末,龙家界村大力实施"金山工程"。龙家界村实行"村承贷,户担保,集中建,分户管,利分成,险共担"的经营管理模式,大兴绿色产业,绿水青山变金山银山。从1994年年底开始,龙家界村每年开发荒山1000亩以上,在

2000年时已栽种高效经济林7500余亩,其中杜仲5300余亩、梨园500亩、板栗1000亩、银杏700亩,人均达10亩。龙家界村还注重立体开发荒山,套种花生、黄豆、魔芋等作物,收益可观。全村现有天然林2.5万亩,人工经济林1.5万亩。人工林主要种植杜仲、银杏、梨等经济林,是名副其实的"林海"。

走近

坪坝营镇方家坝村
——众星拱月　古寨丹青

　　方家坝村位于咸丰县坪坝营镇，靠近重庆市黔江区，南邻落耳岩村，西靠墨池寺村，东边与水车坪村相接，北与筒车坝村、水车坪村相靠。全村平均海拔1000米左右，山高坡陡，四季分明，降水充沛，山中山涧溪流、悬泉飞瀑随处可见。方家坝村是土家族聚居的村落，土家族占村落人口的绝大部分。全村由曹家垮、方家坝、烂泥坝、黄板滩等组成，共计10个村民小组，286户1038人。

方家坝村有保存良好的数百年历史的古院落,民俗民风淳朴,并以秀丽的自然风光与独具特色的传统村落文化闻名于世。

方家坝村貌(咸丰县住建局供图)

一、方家故园

方家坝村地处鄂西武陵山区,从大的地理阶梯走向上看,这一区域属于第二级阶梯向第三级阶梯过渡地带,海拔落差较大。方家坝村地势东高西低,属于武陵山脉余脉,东靠近笔架山、分水岭、孤独山等几个大的山峰,西面为甲马池镇的河谷丘陵地带,地势较低。整体上处于从河谷丘陵向高大山脉爬升的一个区域。清澈的幺妹河从山涧迸流而出,榨坊坪、曹家塆、方家坝、尖山寺、烂泥坝、田坪、孟家坪、黄板滩8个村寨沿溪流分布。各自然村寨海拔落差也比较大。曹家塆、方家坝、黄板滩的海拔较低,为900米左右,烂泥坝较其他几个村寨海拔要高100多米,气温较低。四个主要村寨房屋建筑都沿着山坡修筑。二高山与高山地带造就了方家坝村夏季湿润凉爽的气候,使其成为咸丰县乃至整个恩施州夏季不可多得的避暑胜地。

根据现有文献资料，方家坝村的历史见诸文献较少，大多难以考证。只能通过部分墓碑、访谈等，大致可以推测方家坝村最早形成于明清时期。方家坝村历史上属土司管辖重地。

方家坝村虽以何姓、曾姓与李姓家族居住为主，但他们并不是最早的一批居民。据当地村民称，村中最早一批居民为方姓，也因此得名方家坝村。方家坝村的这批建村居民，因为年代久远已经不知所踪，而村中曾姓与何姓族人主要是从外地逃避水灾而来，多为清朝才移居此地，这两个姓氏也属于周边地区的大姓。

据《坪坝营镇志》记载，方家坝在清朝时候属于平阳里管辖，民国时候属于杨湾乡。据《咸丰县地名志》记载：方家坝村于1951年并入甲马池集镇，为方家坝乡，1956年合作化时期又改为方家坝中心农业合作社。1981年更名为方家坝村。

曹家塆、方家坝、烂泥坝、黄板滩是方家坝村最大的四个自然村寨。他们以村委会为中心，如星星般点缀在山间。

曹家塆位于村委会驻地东面的山塆中，主要是曾姓居民居住，约有几十户人家。这里最早定居的是曹姓，后来搬迁到外村去了，而曹家塆地名一直沿用至今。榨坊坪，因早年曹姓在此开过榨坊得名。往榨坊坪北1千米处有铜矿山寨，据说曾在此开采过铜矿。榨坊坪东1.5千米处又有尖山寺寨，因尖山上修有一座寺庙而得名。方家坝寨位于村办公室东面的山塆中，靠曹家塆一侧，主要为何姓居民居住，有十几户人家。烂泥坝位于方家坝寨后方的山上。烂泥坝主要为李姓与何姓居民居住，有十几户人家。烂泥坝之所以得名烂泥坝，是因为从前烂泥太多。烂泥坝藏于山川之间，有瀑布溪流穿梭于前往烂泥坝的道路上，风景秀丽，可谓世外桃源。黄板滩位于村办公室南面的河谷中，通过一道桥与将修建的367省道相连，为李姓与何姓居民居住，有十几户人家。黄板滩因河滩岩石呈黄色而得名。

一套科学合理的道路网络将方家坝村几个村寨连接在一起。村前一条将修建的 367 省道与外界相连，它弯弯曲曲从村委会前通过，通向甲马池集镇、来凤县大河镇，是方家坝村唯一一条与外界相连的道路。各个自然村寨中还有若干小道阡陌纵横，它们多是石板与泥土铺垫的小路，连接着聚落中的各户人家。这些石板路多是中华人民共和国成立后铺垫，现大多数已经残破不堪，上面布满青苔。

二、民居建筑

方家坝村的吊脚楼是当地传统民居的一大特色，其营造技艺代表着咸丰县土家族吊脚楼营造技艺，属国家级非物质文化遗产代表性项目。方家坝村传统民居以木料为主，以大木架接为主要架构方式，由立柱、横梁、顺檩等主要构件建造而成。各个构件之间的结点以榫卯相吻合，属于典型的干栏式建筑。

从整体布局上看，方家坝村的院落都没有正门，属于院院相依户户相连的开放状态。这些院落从形态上主要有两种形式：一种为撮箕口式布局，即中间一间正房，两侧各建有数量不等的厢房，有的是"钥匙头"式的；另一种为"一"字形布局，这种布局较为简单，为一列三间或五间格局。院落宅基依照山垭走势而打，整体上比地面高出 50～60 厘米，主要目的是将院落整体抬高，以防潮防湿。另外，它们都坐落在一些地势平坦、视野开阔的地带，这不但保证了居住者通行的便利，也保证了房屋采光与排水的便利。

方家坝村特色民居布局极为讲究。从房檐上看多是单檐式结构，房梁、房柱与房檐等与其他地方差异不大。最有特点的就是从侧面看房屋排列柱的地方，不同房屋有不同数量的房柱子，有三柱二骑、五柱二骑、七柱二骑等形式。房屋结构布局的差异主要因院落主人的财力而异。富裕人家多修几柱，获得更宽的居住空间。平常人家则少修几柱，住得也就拥挤一些。传统民居的门窗雕刻或精致或简朴，别有韵致。家境宽裕人家的窗户，会请能工巧匠，精雕细刻，图案、造型设计寓意丰富。平常人家窗户多为普通蜂窝状结构，线条简洁明快，只要通风、采光够、透气就可以了。

方家坝"钥匙头"式吊脚楼(字荣耀 摄)

曹家塆传统民居建筑群 曹家塆是方家坝村曾姓的主要聚居地,院落坐落于山湾处,背靠山林面朝农田。曹家塆由十余栋木制传统民居组成,这些民居依着山湾一层层拾级而上,整体上坐东向西,层次分明,叠罗汉般与山川树木融为一体。这些院落中有不少民居保存完好,不过有些院落已经很久无人居住。

曾家老宅等几栋民居历史可能超过百年,其余民居为中华人民共和国成立后修建。这些民居修筑工艺十分讲究,整个建造过程耗时也比较长,一般分为建材准备与打磨——立柱建设——完成三个阶段。民居建筑木料来源多样,有从外地购买,有自家林地砍伐,也有熟人赠送等。从建筑材质上看,曹家塆民居多是用杉树、马尾松等树为材料。据村中曹老木匠介绍,这些树品质过关,耐潮不容易生虫。建材准备好后,村民首先要祭拜中国木匠鼻祖鲁班以求风调雨顺和修建顺利,祭拜后才能动土。

曹家湾民居的堂屋既是家庭神圣的祭拜场所，也是家中的储藏室，用来存放农具与土豆、玉米等粮食。堂屋两侧两间面积较小的房间，主要是客厅与主人休息的场所。传统客厅中有火坑，是土家人民生火做饭、烤火取暖、家人聚会闲聊的中心。近年来，传统火坑逐渐被更节能环保的回风炉取代。回风炉高耸的烟囱穿过木制民居通向屋外。回风炉上可以烧水煮菜，四周散发的热量可用于抵御空气中的湿寒之气。两侧的厢房，一般一侧为厨房，另一侧是空房或用库房。

曾家大院是村中曾姓人家的祖屋。曾家大院在众多的民居中显得十分特别。据寨中曾姓村民讲，曾家大院就是曾家第一户，几乎所有曾家人都是从这个院落中出来的，推算应该有百年历史了。这套宅院位于曹家湾中部靠后，是一套典型的撮箕口式的三合院。大院整体上坐东朝西，已经无人居住，正堂右侧已毁，为后期修建的水泥混砖建筑。大堂两侧是两栋厢房，与曹家湾其他民居不同，由于地势陡峭，这两栋厢房为吊脚楼，最大限度地拓展了内部居室的空间。因此，曾家大院不仅仅具有建筑价值，更是曾家人历史记忆的载体，是不可多得的村落文化遗产。

方家坝传统民居建筑群 方家坝是何姓聚居的村寨，有十余户居民，房屋多为木质建筑，寨中有一条小溪穿流而过，风景秀美。这里的民居多集中在溪流右侧，东南朝向其中就包括著名的何家大院。

何家大院是由几栋"一"字形房屋组成的建筑群。据村民记忆，何家大院最早的建筑应该是乾隆年间的，不过早已经被拆除，现存的是二十世纪六七十年代修建的。现存的主体建筑没有进行过大的修葺，保存较为完好。其外观及建筑样式与曹家湾民居的唯一区别在于何家大院的房脊。曹家湾房脊多为清水脊，而何家大院几栋民居房脊皆为碗口脊或者莲花脊，更为美观。

曾家大院一角（字荣耀 摄）

烂泥坝吊脚楼 方家坝村零星分布着一些吊脚楼,其中以方家坝寨与烂泥坝寨公路一侧的几栋最有特点。吊脚楼从选择屋基、备料、立屋,一直到装饰完毕,都有完备的程序和不同的技法。特别是"高杆"定位的发明,"穿斗式"房屋构架,"冲天炮"立柱的建造,十分巧妙地解决了线面、角度、承重等问题,克服了山地民居建造与狭窄空间地貌的突出矛盾。"翘角挑"的采檐,"龛子"(走廊)的配置,则使吊脚楼的外观形式发生根本性变化,打上了鲜明的地域烙印。吊脚楼底层一般用作家畜、家禽的栏圈和搁置农具杂物等东西,上层则是用作厨房或者客厅,充分体现了土家族人民的生活智慧。

带有"龛子"的烂泥坝吊脚楼(字荣耀 摄)

三、沧海遗珠

古墓 方家坝村后山有许多清朝与民国时期的墓葬,墓主多为曾姓、何姓。曾姓墓葬位于曹家垮背后的山上,保存较完整。其中有一曾家女性,据墓碑上残存的碑文，该曾姓女子生于乾隆戊子年（1768年），墓碑立于道光初年。如今，古坟呈圆丘状，由青石板修筑而成，朝向西南，面对山脉空隙，视野开阔。曾姓其他墓葬外形与周边墓葬并无多大差异，为石头砌成的封土堆，坟前立有墓碑，有一墓碑立于民国三十年（1941年），墓碑因年代久远，只能隐约看见"曾母刘老太君墓、八十一岁止"等几个字。

何姓古坟位于方家坝村后山之中。此坟是最早来此居住的何姓族人的坟墓。其碑刻由于年代比较久远，已经比较模糊，只隐约可见墓主人名为何文良，生于康熙二十八年（1689年），其妻子黄氏生于康熙三十三年（1694年）等信息。

铜鼓井 铜鼓井位于方家坝村何家大院后。之所以得名铜鼓井，是因为铜鼓井遇到雨季时雨水在井内不断下滴，发出各种清脆响亮的声音，就像敲锣打鼓一样。后来铜鼓井被填埋。现在村中尚在使用的水井位于村委会办公室一侧的稻田中，此井水质清澈、冰凉，味道甘甜可口。村民非常重视保护水源，特地修建了三面围墙，以防农药喷入井中。

桥上桥 桥上桥是一种桥梁重叠而建的建筑，它不仅是一道独特的交通风

黄板滩桥上桥（宇荣耀 摄）

景线，更是地区交通变迁的历史缩影。黄板滩桥上桥修建在幺妹河上，是沟通黄板滩寨与外部的通道，下侧为有一定弧度的石拱桥，具体修建年份已经很难考证，上侧为水泥桥面，是近几年才修建的。

万户侯雕像 何家大院有一尊被神化了的雕像。这尊雕像有数10厘米高，为木质雕塑，女头男身，具体雕刻年代难以考证。传说其真身为方家坝何姓祖先，是随明朝征战的将领，作战极其骁勇，因杀敌无数，屡立战功，被皇帝封为万户侯。相传万户侯在一次征战中，一不小心被敌军

女头男身万户侯雕像（咸丰县住建局供图）

砍去头颅，他的副将见状，立马手起刀落砍掉敌军一名女性副将的头颅，并提着人头安置在万户侯的脖子上，让人不可思议的是万户侯立马站起来，带领大军奋勇杀敌，直到击溃敌军后万户侯才倒地而死。后人为了纪念先祖的勇武和神迹，专门为其雕塑立像。正因为如此，后来看到的万户侯雕塑乃是女性头颅、男性身体的造型。

四、乡土民俗

丧葬习俗 方家坝村婚礼习俗简朴，但丧葬习俗具有鲜明的民族特点和地区特色。在方家坝村，家中老人还未去世时，便会提前备好棺椁置于家中。棺椁一般不能直接落地，需用两条木凳子架于空中，以表示家中老人还未离世。

老年人和长辈葬礼比较隆重,灵柩会放置于中堂,下面点上油灯,停棺3～7天。在这期间,大家会制作"斋粑"等食物祭奠亡灵。老人亡故,家人要请道士念经开路。在道士念诵经文和敲锣打鼓超度声中,逝者亲属全部披麻戴孝,跪拜亡者。逝者下葬地点一般是由道士等确定,家中人一般不会干预。非正常死亡的请道士、土老师"解结"或"超度亡魂",请人唱孝歌、打夜锣鼓、穿花、烧纸钱花,通宵达旦。过去,孝子曾要包孝帕三年,在三个月内不剃头,以表哀思。在清明节祭祀时,村民都会主动去上坟,以表示这堆坟还有后人打理,不能随意挪动。虽然方家坝村婚丧习俗已经简化许多,但从当地人的叙述中仍然可见土家族乐观的生死观与对祖先的遵从之心。

特色美食 土家腊肉是武陵山区土家族群众制作的特色美食,肥而不腻,香气十足。方家坝村几乎每家每户的厨房或者客厅的墙上都挂有腊肉。土家腊肉的制作一般在冬腊月,即小雪至立春的时段杀年猪后,将猪肉切成条状,撒上食盐反复揉捏拍打。腌制过后,用竹篾串好,用果木或是松柏等树料进行烟熏烘烤。烘烤过后便将其悬挂在厨房或者其他室内通风的地方,供需要时食用。

土家族腊肉保存时间长,食用方便。一般腊肉能存放1年左右。食用时将其取下,用火烧除霉菌、烧到肉皮焦黄滴出油为止。之后用水反复清洗就可以下锅做菜。

泡粑是方家坝村孩童最爱的饮食。泡粑又名花粑粑,是方家坝村特有的一种美食。泡粑是米加黄豆,用石磨推成糊状,经过精心发酵后,用粑粑圈蒸出来的一种食物,有时候还印上彩色的花,又叫花粑粑。

打糍粑 土家族过年要打糍粑,正月初一、初二走亲戚,其中一样就是吃糍粑。打糍粑首先要将蒸熟的糯米拿出来放到"地窝子"里,地窝子一般用红石头做成,边长0.8米的正方形,中间掏成半圆。男人们用枣木棒不停地捣地窝子里的糯米饭,一直要将糯米饭全变成很黏的面团。然后,整团糯米饭被拿起来放在一张大门板上,切成块并压扁,等糍粑慢慢变冷变硬后,再用瓦缸或桶装新鲜的冷水浸泡,整个工序才算完成。糍粑食用方式多样,可油炸,可火烤,还可做汤等。

农耕器具 方家坝村民世代以水稻种植为主，兼种玉米、马铃薯、烟叶等旱地农作物以及生漆、油桐等经济作物。现在村中劳作，多用现代机器，但众多传统农具依然是重要的劳动工具。

谷风车在传统农业生产中主要用来去除水稻等农作物中的瘪粒、秸秆屑、杂质等。方家坝村曾经几乎每家都有一台谷风车。谷风车结构精巧。风车顶部有个倒梯形的斗状入口，是添加谷物的入料口。风车下端有两个出口，大的为比较饱满的谷物出口，小的是碎屑和瘪粒出口。在其木质的圆形"肚子"里有一个大的叶轮，旁边是叶轮的握把。使用时，摇动握把鼓风，谷物从上方入料口倒入，比较轻的碎屑、瘪粒、灰尘就被吹到前端大口外落下，大而饱满的谷料则从旁边小口流出，由此达到分离挑选的目的。

石磨与石碾是村民用来加工粮食、油料的主要器具。方家坝村现在还有许多人家在使用石磨或石碾。石磨、石碾的工作原理大同小异。石磨是上下两扇磨盘，下扇固定，上扇转动。石碾是碾盘固定，上面是滚动的石砣。无论是转动的磨盘，还是固定的碾盘滚动的石砣，都凿刻有沟槽（齿子），通过一动一定沟槽反切，将原料粉碎、研磨成面粉或浆汁。磨、碾的沟槽按加工原料的不同有宽有窄、有深有浅。除了沟槽有深浅之分外，石磨与石碾还有大小之分，传统的小石磨主要是用来制作玉米饼和碾磨传统美食合渣的，而大石磨主要用来把玉米推成玉米粉，玉米粉可做玉米饭用。

背篓是咸丰乡村人家必备的"运载工具"。武陵山区由于山路崎岖狭窄，扁担不易通行，所以居住在这里的居民多使用背篓。方家坝村中所有人家都备有背篓。这些背篓多是自家编的。背篓具有多重功能，简单实用，平日既可用来下地采摘作物、赶集购物，还可背负小孩。

粑粑圈是方家坝居民用来制作泡粑的模具。粑粑圈为圆形竹编材

大石磨（字荣耀 摄）

质。其功能是在蒸制泡粑时，将原料固定成型的工具。

曾氏族谱　方家坝村居民家中留存的纸质文书与族群记忆的物件已经屈指可数。村中现存的比较完好的《曾氏家谱》是曾氏后代于2013年重修而成。武城曾氏古枣坪系《重修续谱》序言记载着曾氏家族的几次清谱："第一次清谱时间为一八九一年，第二次清谱时间为一九二零年，第三次清谱时间一九二三年，从一九二三年至今相隔已有九十多年。"曾氏家族后代走遍乡里，重修了这本武城曾氏古枣坪系族谱。

族谱记载其家族源于湖南常德，因遇水灾而流落此地：清顺治年间（1650—1651），湖南常德一带连遭百年不遇的特大洪水，造成山体滑坡，房屋倒塌，粮食及物品全被洪水冲走。由于受灾无法生存，曾姓祖先曾兴铭只能带着家眷到处寻求生计。1651年4月，曾兴铭从湖南常德小青山迁徙到湖北省施南府咸丰县古枣坪。当时的古枣坪是一片原始森林，曾兴铭一行经一路乞讨，身体困乏，只好在一棵古老的枣树下小憩。由于这棵枣树枝稠叶茂，曾兴铭就在大树下搭起棚架，作为一家几口人方便食宿的临时居住点。随着时间的流逝，他们开荒垦林，精耕细作，使这片原始森林变成坦途平地，其先祖正式定居这片无名的土地上，后来他们的先祖就依枣树取名为"古枣坪"。

石碑乡约　方家坝村民风淳朴，乡风文明，得益于该村有自己独特的村落治理方式。村民们喜将共同约定的村民公约勒石立碑，昭示乡民。方家坝何家大院的路边就竖立了一块保护生态美丽家园的石碑。碑文如下：

> 十年树木，百年树人。人树相连，蔚为大观，村口苍松翠柏，自屹立于此，百有余年矣。集日月之精华，养天地之正气。是以村中老少生活安康。黄发垂髫，怡然自得。吾辈人生，生于斯长于斯。莫不感念其泽被后世之恩情，诚宜爱之护之，享之传之。他乡之客，览物于此，爱我山水林木者，皆可迎邀下榻。以彰我淳朴之民风，昆仑之气势。

碑文体现了方家坝村民数百年来朴素而又充满智慧的生态文明理念，以及土家族传统乡村社会自治、德治的准则与机制，也维护了方家坝村一方绿水青山。

五、景点风光

幺妹河　幺妹河,旧称后家河,是方家坝村的母亲河。幺妹河起源于咸丰县坪坝营大溪洞山泉,泉水从洞中涌出后,汇集在张家坪村形成山涧,后流经方家坝村汇入大河之中。幺妹河流域整体海拔 1000 多米,河水清澈透凉,属于典型的山泉水。从大溪洞到方家坝这段河道,全长 5.4 千米,整体落差 39 米,河流两旁峡谷幽静,怪石林立。因其风光独特,近几年来随着坪坝营景区开发的推进,政府在幺妹河上游修建了一道河坝,开发出漂流旅游项目。这段漂流起点为大溪洞,终点为方家坝,属于整个坪坝营景区的一部分。

庙湾洞　湾洞位于坪坝营镇方家坝村何家大院一侧的山体中,周围浓密的草木挡住了洞口,需要细看才能隐约看见。该洞属流水溶蚀而成,洞口有数十米之高。洞口很窄却很深,洞里道路崎岖湿滑,需要人手举火把照明才能勉强向前走。

庙湾洞(字荣耀 摄)

夫妻树　夫妻树,其树龄已超过百年,位于方家坝村主干道一侧,为一棵柏树和一棵樟树组合,两棵大树相伴生长,就像一对相依相恋的夫妻。两棵大树有数十米之高,枝叶繁茂,遍布藤蔓。

佛爷山 佛爷山是方家坝曹家塆一侧的一座百米山峰。由于其顶部一块裸露的岩石酷似人脸,而两侧山脊顺势而下就像佛祖放下的两只手臂,故当地人称其为佛爷山。

六、五姓杂处

曹家塆曾姓人家 曹家塆是方家坝村最大的村寨之一,是曾姓的主要聚居地,有几十户人家。这里最早是曹姓居住地,曹家塆也因此而得名。后来曹姓迁往外村后,曾姓就成为主要的大姓。方家坝村曾姓属于古枣坪曾姓的支系,为清末民初迁移至此。曾家以记字辈的方式牢记家族历史,据推测,曾家来古枣坪居住已经有十几代人,而从古枣坪来方家坝则只有六七代人的光景。

方家坝何姓人家 何姓是方家坝村最早的一批居民,也是村中大姓之一,主要居住在方家坝何家大院一带,有几十户人家,为土家族。据何姓族人介绍,其先人最先由江西而来。通过考证族人墓碑得知:方家坝村何姓第一个来此地定居的人名为何文良,生于康熙二十八年(1689年),其妻子为黄氏,生于康熙三十三年(1694年),从那时起何家便以字辈方式延续至今,超过10代。

烂泥坝李姓 方家坝村李姓主要居住在烂泥坝,家族规模比不上曾姓与何姓,属于一个较小的家族。烂泥坝李姓目前并没有进行清谱,村中古墓多已被山洪冲毁。据村中老人回忆,李姓来烂泥坝居住也是因为逃避水灾,在此居住已有几百年。

方家坝龚杨家族 方家坝村还有龚、杨等小姓。这些姓氏一般只有一户或几户人家,主要是历史上外来石匠、木匠的后代,因来此务工后便长居于此。

走近

高乐山镇沙坝村

——千户所里　人文隆盛

高乐山镇沙坝村地处武陵山腹地，村内山峦起伏、茂林修竹，森林覆盖率高，忠建河贯穿全境，山水环绕，茶园遍布，物产种类繁多，山寨茶园风光秀美，宜业宜居。村落民居以土家吊脚楼为主，大多依山临水而建，错落有致，保存完好。就地取材制造的各种竹制木制用具，展现了土家儿女丰富的生产生活智慧。土家打绕棺、采莲船等非物质文化遗产至今仍在此地传承。高乐山镇沙坝村于2017年入选第二批中国少数民族特色村寨。

村寨风光(沙坝村村委供图)

一、山乡幽居

沙坝村位于咸丰县城东北侧,距县城约 16 千米,南接马河村,北邻白果坝村,西连官田坝村,东靠芭蕉村。沙坝村因地形而得名,村内有忠建河、三岔溪诸河交汇。发源于太平沟的忠建河,由西南向东北方向贯穿全境,沙坝三岔溪自西向东贯穿全村,在晏家堡处汇入忠建河。经年累月的溪流泥沙淤积,逐渐在溪流岸边形成一大片肥沃田地,土家族苗族先民先后在此定居,数代过后慢慢形成如今的沙坝村。沙坝村以山地为主,平坦开阔地较少,田土主要沿溪流分布,山坡亦多旱地。20 世纪 80 年代,全村耕地 1029 亩,其中水田 563 亩。该地气候温和,雨量充沛,冬无严寒,夏无酷暑,四季分明。森林覆盖率高达 72%,植被茂盛,动植物种类繁多。

沙坝村原为土司属地,元朝时属于散毛司管辖,规模较小。明洪武二十四年（1391年），明太祖朱元璋遣蓝玉入鄂西，割散毛司地之半，设大田军民千户所，实施土流兼治，沙坝村纳入王朝卫所区。千户所设立后，朝廷派遣一大批来自中原地区的职业军人进入该地，从此落叶生根，繁衍生息。他们所带来的先进农业生产技术、技艺和经营方式，极大地提升了土家族的农业和手工业生产水平。沙坝村规模也不断扩大，逐渐形成窑塆、倒泥坑、祠堂址、三岔溪、蓼叶台、老上、蛮台子、野猪堡、大塆、枫香坝、晏家堡、艾蒿槽、沿山路、辛家坡等10余个自然村寨和敬祝寺、杨寺庙等多处寺庙。这些村寨基本沿河流，在山谷或半山腰处成片状和点状分布。

沙坝村各村寨名依山形地貌、历史人文而命名。如窑塆因地处山塆，曾建过砖瓦窑而得名；倒泥坑因地处东云山南麓谷地，有一回旋窝凼而得名；祠堂址因从前严姓在此修有祠堂而得名；三岔溪因地处三条溪沟的分岔处而得名；蓼叶台地处台地，因长有很多蓼叶竹而得名；老上因地处山嘴，原名老山，习称老上；蛮台子台地盛长兰草，原名兰台子，后因黄姓在此居住，性情粗犷，更称蛮台子；野猪堡因时有野猪出没于山堡而得名；大塆因其地形而得名；枫香坝因坝中长有枫香树，故名；晏家堡因晏姓聚族而居得名；艾蒿槽因山槽多艾蒿而名；沿山路因地处忠建河北岸，河水上涨时不便通行，须绕道沿山走，故名。

因移民与开发，造就了沙坝村姓氏众多和多民族共处的格局。村民姓氏以黄姓、辛姓、秦姓、熊姓、朱姓、皮姓、钟姓、粟姓、李姓等为主，土家族、汉族、苗族、侗族和睦相处。目前村落依然保存依山沿溪而建的整体风貌，传统建筑占村落民居的20%，辛家坡、蛮台子、窑塆为主要村寨，蛮台子和辛家坡两个自然村寨是吊脚楼的集中区域，具有鲜明的民族特色。

二、人文隆盛

"蛮台子""辛家坡"地名的形成，透露出沙坝村早期人口流动与聚落形成的丰富历史信息。现今蛮台子居民以黄姓为主，多为苗族；辛家坡以辛姓为主，多为土家族。

明代卫所的设立,特别是清改土归流后,汉文化的传播,在当地留下众多庙宇与学堂等历史遗存。沙坝村明代就属于卫所区,汉族地区的佛教道教和儒学在当地广为传播,当地汉族、土家族人民崇佛尚儒,村落周边曾建有众多庙宇和学堂,留存下来的很少,仅剩下敬祝寺、杨寺庙等地名。敬祝寺在辛家坡附近。据村民介绍,寺庙占地面积接近300平方米,是一座三进院子的大庙,庙外有大鼓和戏台,庙内有菩萨数尊,大小不一,都是木头雕刻而成,有的雕像外部还会镀金,栩栩如生。敬祝寺在当时香火鼎盛,村民会携带猪头肉或肘子去祭拜。庙里会定期进行义诊活动,给村民赠医施药,故来此寻医问药的人也很多。庙内有住持,会举办佛会,也会外出交流,在当时远近闻名。

清代,杨寺庙、寨寺庙与学堂共存,寺庙已不可考。据村人记忆,学堂为个人办的私塾,教书先生原来是个秀才,加之家中有些田产,便办私塾。后来的教书先生蔡元山在1971—1972年办过耕读小学。1978—1979年,现村委会办公所在地也办过学校,规模较大,有7个班,小学五年制的有5个班,初中有2个班,在校师生有200多人,办学十几年,后因房屋倒塌等现实原因停办。

百年古井见证了沙坝村悠久的村落发展史。沙坝村有三个上百年的水井,修建年代久远。一个在水井湾,一个因为旁边有一棵木瓜树,就被当地人称为木瓜树水井。蛮台子的水井被称为老水井。古井是在村民们聚居的地方开凿而成,多为四方形,并不深,做储水之用,山上的水井大多在山腰处,水源多为地下水或者山泉水,水井以前是村民们日常生活中重要的用水来源。

三、吊脚楼群

咸丰土家族地区素有"八山半水分半田"之称。沙坝村山多地少,大多山高坡陡,开挖平整的地基极为不易,再者该地气候湿润,潮湿多雾,砖屋底层地气很重,不宜居住,因此土家族苗族人民依山就势,傍水靠溪,构建出具有浓郁民族特色的干栏式建筑——吊脚楼。他们聚族而居,以十几户或者几十户聚居成村寨，这也体现了"合族而居"的宗族思想和大家族观念。蛮台子和辛家坡两大院落，古朴典雅，是沙坝村土家吊脚楼的集中建设区。

沙坝村中建筑布局自由，没有明显的中轴线对称，多间吊脚楼聚集在一起，层层而上，错落有致，立面层次清晰而富于变化，实现了吊脚楼造型与自然环境之间的平衡。再者，一半立柱悬空、一半靠着山坡实地的干栏式造型的吊脚楼高悬于地面，有利于通风和防范蛇虫鼠蚁，同时下层还可堆放杂物。

沙坝村民居主要是吊脚楼，靠近田土，遵循"散处溪谷，所居必择高峻"的原则。吊脚楼为木质建筑，格外需要防火及虫蛀。村里曾有一栋约有108年历史的吊脚楼，因家中小孩在堆放易燃物的房屋旁边玩火柴，导致房屋失火，许多东西被烧毁，包括族谱等。吊脚楼地与所安木板之间会隔大概30厘米的距离，用短木桩支撑。猫、狗、老鼠、虫子（地牯牛）经常会往里面钻，导致用来支撑的短木桩腐朽，也会损坏建筑。后来人们就会在房屋四周、地面与木板间隔处用黄泥巴封上。

沙坝村吊脚楼大多是一到两层，三层较为少见。上层住人，下层养牲口或者堆放杂物。修建基本规模为五柱二骑、五柱四骑，当地的说法是"五柱二、五柱四"，以承重柱的数量来计算，房间数量为五间或七间，大户人家也有修七柱四骑带一个四合天井大院。

村里吊脚楼的形态大多是"L"形、"凹"字形、"回"字形。"L"形吊脚楼由正房和厢房组成，在拐角处设承重柱支撑重心，这根承重柱被称为"将军柱"或"冲天炮"，是村里吊脚楼建筑最常见的形态。"凹"字形吊脚楼，又称"三合水""撮箕口"式吊脚楼，正房两侧皆有厢房，呈现出三面合围的态势。"回"字形便是受到汉文化影响的"四合院"式吊脚楼。

吊脚楼的房屋大致分为堂屋、火塘房、卧室、阁楼等。一般会在正中间的堂屋设神龛香火位。两旁是饶间，饶间以中柱为界限，前为火炉房，后为卧房。火塘房也叫厨房，一般火塘房在长度方面有讲究，实际宽度是3.6米，长度2.7米，空间不足以容纳灶台，所以很多民居会将灶台安在屋外，火塘房侧面。火塘房既是烤火休闲、做饭聚餐的生活空间，也是待客、闲谈、娱乐的公共空间。

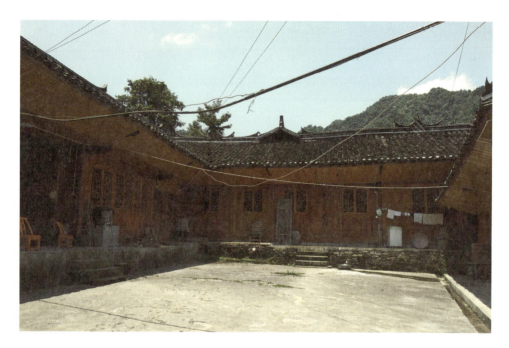

"凹"字形吊脚楼（王春阳 摄）

每个房间都会设置门与外部相连，所以吊脚楼都是屋屋相连。阁楼一般修建得较为宽敞，通风透气，采光充足。到了收获的季节，村民会在阁楼上储存洋芋等农作物，也会将玉米棒子、花生、辣椒等串成长串，挂在走廊上晾晒，构成一幅和谐的田园风光画卷。吊脚楼前后喜欢种果树，但屋前不栽梨，因为"梨"音同"离"，有离别之意，屋边不栽椿，多栽紫荆花。

沙坝村的吊脚楼群均为木质结构，灰陶土瓦为顶，青石阶檐，有的还保存有年代久远的青石院坝。所用木料大多就近在山上取材，以杉树为主。门窗、扶梯、隔板乃至室内用具大多都是木头或者竹子制造，古朴实用。门窗有传统雕花和窗格，制作精美。窗格常见图案有回纹、方格纹、平纹，窗上的镂空雕花是量了空隙尺寸，手工雕刻之后安上去的，雕花多以梅花和桃花为主。堂屋柱子上的雕花多为几何图案，做装饰之用。屋子正面的房檐为龙檐，似两条龙蜿蜒相连，龙头龙尾俱有，一般会雕花做装饰之用。侧面两边叫凤檐，平常人家的凤檐一般不会雕花，只有一些身份贵重的人或者建在公共区域的建筑会在凤檐雕花。屋顶上的翘檐,为了建筑之美,翘起的弧度不会超过一尺三(0.43米),一般都是七八寸(0.21米)。

"回"字形四合院式吊脚楼(王春阳 摄)

四、匠心营造

沙坝村吊脚楼营造技艺历史悠久,技艺精湛,传承至今。建筑营造技艺的存在和延续依赖于一代代匠人之间的传承。这种以师徒制或家传为代表的传承有利于知识和技艺传授的系统性和整体性。

村民获得木匠身份的途径主要是拜师和参师。木匠拜师首先要递投师帖,在跟着师傅学三年手艺之后才能出师,学徒以付出一定比例的学酬和劳动力作为学到技艺的交换条件。师与徒明确彼此之间的责任义务关系并互相认可。所传授的知识大致包括伐木取材知识、建造施工、木匠法术和传承仪式等方面。在三年内达到出师标准方可出师。出师仪式前，徒弟需要给师傅买一整套新衣服，包括袜子、鞋子。出师之日，师徒二人都要沐浴更衣，还会举行一种特殊的出师仪式，即"茅山传法"，在寅时（3时至5时）至卯时（5时至7时）天未亮之际找一处不见村舍人家且生有桃树的茅草坡，在此为徒弟举行名为"过尺"的出师仪式。师傅一般会传授徒弟修建吊脚楼所需的一套工具，包括大小尺寸的刨子、尺子、锉子等，还有专门打牟的凿子，优秀的出师者可以获得"五尺"，此种行为称为"五尺封譜"。"五尺"木质紧密，呈长四棱柱形，长约1.67米，其中段刻有"（上）雨（下）霪"字样以及"鲁班先師（师）急急於（于）寧"等字样，是木匠行业内的传承符凭。

参师是一种未经拜师，也没有确认师徒关系，但学习者和传授者之间又彼此认可的非正式传承形式，即便是家传或者有师承关系的技艺拥有者，也都有过参师学艺的经历。在拜师学艺时，师傅会传授不同的徒弟以不同的技艺，修建吊脚楼就有"掌墨师"和"内装"的区分。"掌墨师"是在房屋修建全程中的"总工程师"，负责包括从房屋选址、规划设计、地基开挖、来料加工到掌墨放线、房屋起架、上梁封顶等一系列工作；"内装"主要涉及房屋内部装修。为了习得完整的技艺，木匠们一般都会参师学艺。

沙坝村有一批远近闻名的吊脚楼营造匠师，吊脚楼营造技艺在此地有系统和完整的传承，他们的活动更容易与其他的民俗活动关联起来，如修建吊脚楼时的仪式活动。沙坝村的木匠师傅辛志成30余年来建造的吊脚楼有120多座，附近地区修建吊脚楼时也会邀请他作指导。2019年6月，他被咸丰县认定为土家族吊脚楼营造技艺县级代表性传承人。

吊脚楼营造技艺蕴含着丰富的文化内涵，体现了土家族朴素的价值追求和美好的生活愿望。"三山六水一分田""脊上要梭瓦，檐口要跑马""四脚八扎"是吊脚楼营造技艺的口诀。吊脚楼修建讲究尺寸，一个是房屋结构需要，另外它也寄托了人们美好的心愿。房梁的长度都不离"八"，一般是六寸八或七寸八。卡在房梁上的榫长宽一般是一寸八或二寸八，一般不得少于一寸八。门的修建，按照"老规矩",不离"人",有"人"才是家,才能长远。"人"字形似"八",所以门长宽也都与"八"相关。堂屋最中间的顶梁柱在安横梁(斗枋)的时候,要安在柱子的中间。如果柱子上下长度不同,则不祥,因俗话有"上空无人,下空无财"之说。

木匠师傅的门框尺,刻度对应的是生、劳、病、死、苦等字(字并没有刻在尺子上,对应关系由师徒传承),所对应的每一个字的刻度,距离大概2厘米。在用门框尺量门的四周时,每一边的长度都要正好能对应到"生"字这一刻度上。当然其中也有技巧,门框尺的长度是一寸三(一寸≈3.33厘米)。用门四周的综合长度除以门框尺的长度就能正好对应到"生"这个字,寓意让屋主人住得长久、舒服。

掌墨师的身份象征:五尺

(咸丰县住建局供图)

堂屋在一定程度上代表了一个家族的"脸面",所以面积不宜太小。堂屋墙壁中间放置的神龛,其位置和大小都有讲究,尺寸不离"九","九"音同"久"。所谓神不离"久",是希望自己的祖先和家族能够长久地繁衍生息下去。正对门口的堂屋墙壁,放神龛的地方所占用木板数量必须是单数,也是为了和"九"这个单数相对应,另外窗户的尺寸常见的是横竖都占七块木板的长度。当地木匠认为,这些都是从鲁班那里传承下来的,以前婚丧嫁娶都要在堂屋拜祖先的,所以在安放神龛的时候位置选择就极为重要,这关系到整个家族的"运势"。

吊脚楼营造非常注重施工和屋主安全。"启安"是木匠祈求施工平安圆满的重要仪式，《鲁班经》中也有涉及。民间有"弟子安一道，师傅安十道，弟子安十道，师傅安一百道，千安千里，万安万里"的说法。一般家里有即将生产的孕妇或者是家畜，木匠师傅就不会上门做工安房，据说这样做是为了保护家中安稳或防止"招煞"。如说房屋角落有一窝蜂，画字符之后，就能让它转移到另一个地方。

五、山居生活

沙坝村人靠山吃山，摸索出一套山地农耕兼渔猎的复合生产方式。沙坝村所处地区生态环境极好，动植物资源丰富，为生活在这里的村民提供了丰富的生产生活物资。沙坝村村民发展出一整套适应山地农耕的锄头、犁、铁锹、石磨、耙等生产工具和各种铁制、木制、竹制生活器具。煮饭用铁鼎罐架在火坑里的铁三脚架上，现在许多人家火炕上还会用"铁三角"烧水或煮食物。木质生活用具如木桶，分洗菜、洗澡、洗衣、装粮食、杀猪等各种用途的木盆，有圆有方，高矮大小不一。竹编生活用具有筛子、晒席、睡席、簸箕、背篓等，其中背篓分为很多种，背柴的大背篓呈椭圆形，用承重力好的大楠竹编制，赶场或走亲戚的背篓是花眼背篓，较为精巧。除此之外，还有木匠、篾匠的工具背篓，背孩子用的背篓，以及鱼篓、鸟笼等，种类很多。

蜜蜂养殖充分体现了沙坝村人与自然和谐相处的智慧。独特的地理与气候环境造就了沙坝村丰富多彩的森林植被景观，森林覆盖率极高，是天然的野生植物园。各类花卉有数百种，蜜源植物丰富。沙坝村的家养蜜蜂大多是驯养山里的蜜蜂，品种主要是土蜂，为东方蜜蜂的一个亚种，是中国独有的一个蜜蜂品种，适宜于山区、半山区生态环境饲养。

沙坝村的蜂箱大多是圆形，被当地人称为蜂桶。蜂箱摆放坐北朝南，尽量利用山区地势高低起伏的优势放置蜂群，避免蜂群摆放在风口上。蜂箱左右保持平衡，后部稍高于前部，防止雨水流入。蜂群的巢门通常朝南或偏东南、西南方向。在南方常有胡蜂、天蛾、蚂蚁、白蚂蚁等敌害,要用高30厘米左右的箱架将蜂箱架起。

蜂箱设置好之后,在箱内置入蜜糖用以吸引蜜蜂。这时会有一两只蜜蜂在蜂桶附近盘旋,据村里养蜂人说,这是蜂王派出的"侦察兵"。在几天的"侦察"之后,若发现环境适合它们生存,蜂王便会带领群蜂进入蜂箱。一般而言,老式木制吊脚楼更能吸引蜜蜂前来。

因为沙坝村本就以山地地形为主,吊脚楼多建于山脚和山坡上,所以沙坝村养蜂人家所设置的蜂箱大多悬于自家屋前。村里的养蜂老手对于养蜂、取蜜的经验之说总能娓娓道来。比如,在接近蜂桶的时候需要注意不要阻挡蜜蜂来回蜂桶时的路线,否则会被蜜蜂攻击;取蜜的时候蜂桶不能离地五寸(0.15米),以防惊动蜜蜂,影响取蜜;每桶蜜蜂所产的蜜并不相同,多的每年能取十多斤蜂蜜,少的只有几斤。

蜂桶(王春阳 摄)

20世纪60年代起,沙坝村人开始尝试利用现代技术开发本地资源,发展经济,开矿厂、办酒厂、建电站。1966—1967年大公社时期,村里办过磷肥厂,还为此开过矿,但最终因为含矿率较低停产。土家族人善饮酒,当时缺少粮食,当地就用蕨根作为原料,生产蕨根酒。高峰时期厂房面积有100多平方米,有四五位酿酒师傅,在本地销路很广。1983年发大水,厂房被冲毁。1966—1997年,村里建有小电厂,采用水力发电,由村民集资贷款修建而成,供附近居民用电,1983年被大水冲毁后再次重修。1997年,镇上重新修建发电厂,村里的发电厂停用。

六、文化习俗

沙坝村虽有蛮台子之称,实则民风淳朴。这里土家族、苗族多民族共居共乐,他们不分姓氏,互帮互助,和睦相处,守望相助。

沙坝村立有乡约,教化一方。《湖北咸丰蛮台子黄氏族谱》记载有当地乡约:

孝顺父母,尊敬长上,和睦乡里,教训子孙,各安生理,毋做非为。这六句包尽做人的道理。凡为忠臣为孝子为顺孙为盛世良民皆由此出。无论贤愚皆晓此文义。只是不肯著(着)实遵循,故自陷于过恶。祖宗在上,岂忍使子孙辈如此,今于宗祠内放乡约义节,每朔日族长督率子孙,齐赴听讲,各宜恭敬体忍,共成美俗。

蛮台子人家不仅不蛮,反而世代耕读传家,人才辈出。据族谱记载,蛮台子黄姓人先祖起族于江夏,尊黄香、峭山公为始祖。蛮台子一支原籍江西省丰城县(今丰城市)拖船埠,黄世邦是其始祖。先后迁居湖南常德,又转徙永顺龙山,小地名为永顺府龙山县"辰溪里杨桃沟"。清乾隆年间黄良嘉又率其子孙迁至鄂西施南府咸丰县太和里蛮台子落户定居,迄今已200年有余,9代有多。黄氏后人好学上进,诗文颇佳。黄氏家族于2008年开始编纂族谱,名为《蛮台子黄氏家谱》,族谱中记载了峭山公及其夫人题作的许多有关黄氏家族的诗词,如:

外八句

一脉流传往异方,八言遗嘱实非常。

子孙追本敦前境,世代寻源仍旧乡。

鼎案碎全遵命语,牲仪腥熟荐馨香。

亲功祖烈垂庇佑,三七分房具克昌。

也有颂扬黄香遵孝道,歌颂其文章才气,赞扬黄氏人才济济。更是收集整理了峭山公的家训,共有21条训诫,以此来勉励族人,如:

四头诗

才秀黄君道学开,开学道君迎路来。

来路迎君千马返,返马千军黄秀才。

黄氏族人黄相贤、黄同利等还写有不少游览附近风景秀丽之地的佳作。

沙坝村丰富多彩的节日习俗让土家族、苗族人民的生活充满欢庆。从腊月到元宵这10多天内，村民们会自发组织玩狮子灯，跳采莲船，届时鼓乐阵阵，热闹非常。

狮子灯表演队共需10来人，其中2人舞狮，1～2人引导狮，4～5人敲锣打鼓。舞狮的二人身披狮子形道具，一人为头一人在尾，在鼓乐声中，引狮者手执长杆球器具，引导狮子做出伏地、翻滚、跳跃、倒立、搔痒等动作。还有一种高难度的表演，用木桌或者长凳垒叠成高台，叠法大多是上小下大的宝塔型，狮子逐层登上最高处，并做出令人叹为观止的高难度动作。狮子灯表演融杂技、舞蹈和体育于一体，兼具娱乐和健身功能，有着浓郁的乡土气息和民族特色。

采莲船，在沙坝村也被称为彩龙船。船都是用竹子编制，外面裹着布，用纸剪出花样贴在船上作装饰。共有10来人参加表演，扶船摇船者1人，多为女性，或男扮女装。持桨划船者2人，多为男性，扮丑角围绕船唱和，也能起到维持秩序的作用。敲锣打鼓者三四人，现场编词，演唱者人数不限，其中主唱者二三人，轮番演唱，其他人和唱，也有几人对唱。歌唱调子多用民间花鼓调子，歌词多为即兴创作，内容多为吉祥、祝福、搞笑之类，也可以与国家政策和时事相结合，宣传当时政策。词句讲究押韵，多为两句一韵且内容不得重复，若出了差错，下一个人就不会接唱，唱者还会被认为是外行。正月十五，要把原来的船烧掉，有"辞旧迎新"之意，表示把过去一年的霉运和不好的事情都烧掉，在来年有一个新的开始。采莲船还有舞蹈动作，与扭秧歌相似，也有鼓乐伴奏，是村里喜闻乐见的民间娱乐形式。

沙坝村一般是腊月十五开始扎船，组织人进行练习，大多是村民们自己组织，没有专门培训，从腊月二十八就开始预演，正月初一正式开始。每个村表演一晚，有饭食和烟等作为报酬。也有个体请船队去表演的，如家中有人过生日等这类喜事。表演分三个程序：首先是拜年，向主人家和客人们请安；然后在主人家消夜时唱一段祝福的话；最后在临走时再唱一段。

节日中沙坝村人的民间信仰，表达着美好生活愿望。在春节、春社、清明节、端午节、月半节、中秋节、重阳节等节日祭祀祖先时，沙坝村都有在堂屋里祭祀烧"包封"的习俗。

沙坝村土家族、苗族历史上盛行自然崇拜和祖先崇拜。人们认为日、月、星、辰、风、雨、雷、电、山川、树木等皆有灵性。沙坝村村民也不例外。由于各民族长时间的文化交流和融合，村里也有人信奉佛教、道教等。

婚丧嫁娶是沙坝村土家族、苗族最重要的人生礼仪。沙坝村传统的婚礼习惯遵循"父母之命、媒妁之言"，要经过定亲、讨八字、过门、婚礼等程序。当然，有些环节也有讲究，如女子在定亲后，父母不会让她做很多活，相反会请关系好的亲戚家女孩一起玩玩闹闹。在出嫁之前，出嫁的女子有一个重要的任务是给双方的亲戚做嫁鞋，以此当作见面礼，证明自己能够成为一名合格的媳妇。如果所需嫁鞋的数量比较多，会找同龄人帮忙，甚至请人做。出嫁一般会选择在冬季等农闲时节，以免耽误田间劳作。出嫁的前一天夜里，让会哭嫁的人教新娘，届时新娘会含羞带怯地哭，挨个拜别家人。迎娶新人进门时，会请儿女双全、生活富裕且高寿的一对夫妻进行牵拜，寓意新婚夫妻也会像他们一样白头偕老、子孙满堂、幸福美满。

"白事"也很隆重。丧葬习俗有"打丧鼓""唱孝歌"等。一般人去世，都会请人唱"三棒鼓"，通常由3～5人组成，一人唱词击鼓，一人敲锣打鼓，一人耍花棒，一般是几人轮着唱，唱词一般是讲亡人的生平，内容现编，讲究押韵，唱到动情时感人落泪。"孝歌"会唱一夜陪亡人，架上火炉，摆上酒菜，边吃喝边唱。唱歌的人一边敲鼓一边演唱，一人唱毕，下一人接过鼓来继续唱。唱到高潮时，甚至是一人唱，多人和，有时候是几个人互相对唱。

如果过世之人是女性，还要举行"破血腹"的仪式，来消除其因为生育之后身体的"污秽"。设置灵堂时也有讲究：如果人是在家里过世的，就把灵堂设在堂屋；如果人是在除家里以外的地方过世的，就不能把灵堂设在堂屋，而是在屋前搭灵堂。根据土家族的风俗习惯，葬期遵循"三天不计"，就是如果不看日期的话一律都是三天吉葬，如果要看日期，那下葬时间就不能确定了，短则四五天,长的能有一个月之久。在此基础上,沙坝村还遵循着"七不葬父,八不葬母"的"规矩",即农历日期逢"七",如初七、十七、二十七是不能葬父的,逢"八"不葬母也是这个道理。

而后要通过"开路""打绕棺""做道场""诵经事佛"等一系列活动超度亡灵,祭奠亡人。"绕棺"时,要在棺材的右上角点上一盏"长明灯",一般由三、五、七人,至少三人围棺唱跳。

绕棺文化内涵丰富,艺术特征鲜明。它舞姿优美,节奏鲜明,既体现了土家族人对逝者的哀悼,又表达了对祖先的敬畏和对美好未来的期盼。2013年,咸丰县的绕棺被列为湖北省省级非物质文化遗产代表性项目。

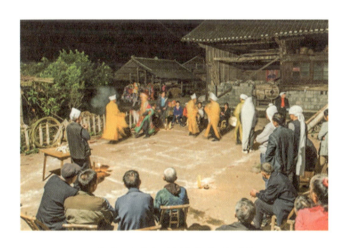

绕棺(沙坝村村委会供图)

亡人入土时,送行的人不能站在棺材的正前方。亡人入土后,也不能再去吊唁,如果这样做会认为对主人家不利。

七、村落人物

沙坝村蛮台子黄家人才辈出。蛮台子黄氏家族,认为其始祖族系为黄帝—颛顼—陆终—伯益—嬴。祖籍江夏,迁到蛮台子,在此地已繁衍11代,族内人丁兴旺，跻身士林者不在少数，从商优秀者也有。黄氏名士有黄相贤、黄同兴、黄同利等。

目前，黄姓子孙有大学学历50人，硕士研究生学历2人，博士研究生学历1人。黄同兴，出生于1955年，大学本科毕业，曾任咸丰县统计局副局长、县计生委主任、政协咸丰县委员会副主席。民间工匠黄德清，自幼跟随父亲学习竹编技艺，10多岁时能熟练地运用小锯子、篾刀、刮刀、匀刀、夹子、锥子和竹尺等各种竹编工具，制作筛子、晒席、睡席、簸箕、背篓等用具，在当地小有名气。

蛮台子朱家也有众多声闻乡里的能人。朱承明（1901—1974），年轻时精明能干，以绞蜡烛、做斋果、打银货为生。中华人民共和国成立后，他凭借自己的聪明才智，精擅五金修理，打制缝纫剪刀，活跃于县城五金社，为企业发展作过不少贡献。朱承丕（1920—1991），医术高超，曾任甲马池、城关镇、丁寨卫生院院长。

辛家坡人辛志成，20世纪60年代出生，曾在沙坝村担任书记数十年，2006年在任期间，身先士卒，自己贷款种茶叶，以此鼓励村民，为后期村里大规模种植茶叶成为示范村打下了良好的基础。他精通修建吊脚楼，2019年被评为吊脚楼技艺传承人，周围地区修建吊脚楼时总能看到他的身影。掌墨师秦武超，18岁就开始修建吊脚楼，至今已有30多年。秦武超曾拜师于黄相顺、陈少益等5位师傅，学习木质建筑及吊脚楼装饰工艺，与吊脚楼建筑传承人辛志成是师兄弟关系。

八、茶园风光

沙坝村地质多为白云岩、灰岩，夹有少许沙质页岩。属于武陵山系，有比较平缓起伏的山峦，少见孤峰，峰丛很普遍。其主峰望乡台海拔1388.1米，是高乐山镇的最高峰，村内有忠建河、三岔溪等多条溪流穿过，属于清江水系，给沙坝村带来了肥沃的耕地。

茶与沙坝村村民的生活是分不开的，该地的地理区位和气候特点极适合茶叶的生长，村域内土壤主要为黄棕壤、水稻土、黄壤。在春夏雨水充足的季节，山地地形极易产生雾，薄雾为茶叶绒毛生长提供了有利条件，加上山高谷深，山腰的高大乔木在强烈日照时能够遮阴，更有利于茶业的生长。从 2008 年开始，村里调整产业结构，大规模种植茶叶。目前，全村共有乌龙茶 1600 亩，辣椒等蔬菜 400 亩，组建了乌龙茶加工专业合作社和蔬菜种植专业合作社。

沙坝村的茶，因为其芽尖娇嫩，被当地人称为宝宝茶。它分为春茶、夏茶、秋茶，能从 3 月一直采到 10 月，春茶和秋茶价格较高。夏茶有时会用机器采，每人每天多的时候能采茶上千斤，但是这样采的茶叶较老，被称为大叶子茶。村里有茶厂，会进行简单加工，将大叶子茶粗加工成黑茶（茶饼）。

目前，沙坝村的发展规划定位是以田园观光、茶艺体验为主的生态旅游产业，不断完善产业结构体系。乌龙茶、生猪、生漆等成为当地的支柱产业。从

山地茶园（王春阳 摄）

体验采摘茶叶鲜叶到品尝自己亲手制成的茶叶成品，从居住原始的土家吊脚楼到品味特色的农家美食，从白天感受天然原生态的自然环境到夜晚与本地居民一起载歌载舞……来到高乐山镇沙坝村，可以让远道而来的游客通过远离尘嚣的田园生活得到心灵的放松。

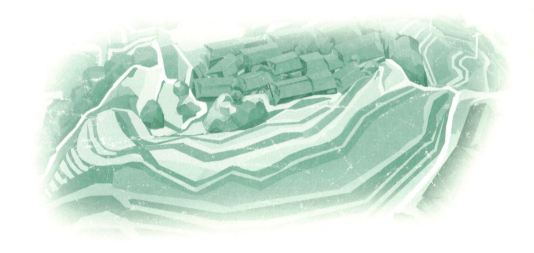

高乐山镇牛栏界村
——高山耕牧　垦殖定居

牛栏界村位于咸丰县城东北约 28 千米处，东接宣恩县晓关乡宋家沟村大湾，西邻泡桐坝村，南连龙坪村、官坝村，北与宣恩县白沙溪交界。这里留存着成片的古吊脚楼群，传统风俗保存依旧完整。2019 年，住房和城乡建设部、文化和旅游部、国家文物局等七部委公布第五批中国传统村落名单，牛栏界村因具有丰富的传统资源以及较高历史、民族、文化、科学、艺术价值而入列。

牛栏界鸟瞰（咸丰县住建局供图）

一、高山垦牧

"牛栏界"之得名与其独特的地理生态有关，据《咸丰县地名志》记载，牛栏界村"地处山界，昔为放牛牧场，故名"。这里的"山界"，主要是指咸丰县与相邻宣恩县交界的山脊，在清改土归流后设县勘界时，以自然形成的山脊或河流作为自然界线，是一种通行的做法。而"牛栏"一是指在人口大规模迁入以前，本地是山下居民传统的高山牧场；二是因为本地山势呈现出"两山夹一湾"的形态，山湾之中有河流经过，牛群在湾间吃草，仿佛一道天然"栏杆"，所以人们形象地称之为"牛栏"。

牛栏界村辖区面积近10平方千米，平均海拔约为1500米。咸丰县境内海拔最高点为1911.5米，最低点445米，牛栏界村所处的海拔高度在咸丰县乃至整个恩施州地区来说，属于高海拔地区。在咸丰县本地方言中，人们常将高海拔山地冠之以"盖"，而"盖"与"界"同音，考虑到牛栏界海拔高度，这也可能是村名中有"界"的原因之一。实际上,在牛栏界村内,也存在有"曹家盖""唐家盖"这样的地名,以为资证。

牛栏界村现有户籍人口888人,有村民居住的历史不超过300年。现曹家盖村民还完整保留有一处曹氏先人的葬墓,据碑文记载,墓主曹祖荣于乾隆五十一年(1786年)生于湖南沅州府芷江县西龙乡豹子坡,于清同治四年(1865年)殁于湖北施南府咸丰县太和里(辖牛栏界)。另一份《黄氏族谱》记载其"自湖南沅州府麻阳县官塘分派,居芷江县便水猪楼冲,分派迁移湖北咸丰县太和里落户"。这样的记载与清改土归流后人口在咸丰县流动的规律相符合。清改土归流之初,由于地广人稀,人口大规模流入咸丰等地,《咸丰县志·典礼志》记载"咸邑旧惟土著,自改土归流后,外来寄籍者不少",但初来者多选择在地势平坦、土地肥沃的地方垦殖定居。随着人口的不断繁衍和增长,原有土地不能满足人口需求,遂向高山、二高山地区迁徙垦殖定居。《咸丰县志·财赋志》记载的道光至同治年间"三十余年内,户口又增十之二"就是这种情况。据村民介绍,清改土归流后,黄、朱、曹氏先祖因躲避洪水从湖南迁徙至咸丰龙坪、官坝等地,约在清中期,三姓陆续迁徙至牛栏界,开田拓土,聚族而居,形成了黄家院子、朱家坳、曹家界三个聚落。其后,其他如龚、赵、蒲、唐、林、李等姓氏也相继搬迁至此,形成牛栏界村村落。牛栏界的人口迁徙史正是清改土归流后武陵山地区人口流动的历史见证。

古代中国宗族文化根深蒂固,常常表现在聚族而居之中。现牛栏界共有8个村民小组,分别是:一组白岩山,二组老屋朱家,三组朱家坳上、大溪沟,四组蒲家院子、下眼,五组黄家院子、赵家湾、新屋龚家,六组打磨山、老屋龚家、滕家堡上,七组曹家盖,八组唐家盖。8个小组以姓氏命名的有7个。黄、朱、曹三姓由于迁徙较早,土地资源条件好,分别占据了有利的地理位置,繁衍形成了黄家院子、朱家坳、曹家盖三个中心聚落,所在地也得以姓氏命名。后迁来龚、赵、蒲、唐、林、李等姓氏,靠从黄、朱、曹三姓购买土地或开垦地理条件次之的隙地为生,发展情况不如前者顺利,只能分散居住在三个中心聚落附近,呈现出"众星拱月"居住格局。"两山夹一湾"的地理特征与"众星拱月"

居住格局，共同形成了牛栏界的村庄布局。

二、山地民生

牛栏界村地处高山、二高山地区，高海拔自然条件决定了物产资源和村民的生活水平，特别是在生产力水平不高的传统时期，村民的生活水平较平地有一定的差别。

高海拔地区气温较低、土壤肥力有限，适宜生长的农作物品种不多，以玉米、洋芋、红薯为主。迄今为止，洋芋仍是牛栏界村产量最大的粮食品种。高山地带虽不擅产粮食，但盛产林木，是全县杉木林基地之一。牛栏界内的唐家界，松杉茂密，木材储量巨大，不仅为周边村落建房用材提供了便利，也为咸丰县经济发展提供了重要资源。直到20世纪80年代，牛栏界一带都是咸丰县木材调运的重要基地。除木材外，牛栏界一带还是咸丰县有名的油茶、油桐基地，享有油茶之乡的盛名。

长期生活于高山地带的村民，在饮食上形成了自己的风格。一是杂粮制品较为丰富，尤以合渣、豆腐、豆豉、嫩豆花、鲊海椒、魔芋豆腐等豆制品、玉米制品为多；二是山野菜品常年不缺，如社饭、八宝饭、干竹笋、野葱、野菌、木姜子以及山野蔬菜常更常新；三是"粑食"种类频出，糯糍粑、粽粑、米粑、苞谷粑、洋芋粑、油粑粑、野菜粑是日常饭食的重要补充。牛栏界村传统饮食中，喝油茶汤、做苞谷饭、酿苞谷酒、熏腊肉具有悠久的历史。油茶汤在当地也称为茶叶汤，据村民称，油茶汤是家中接待贵客的必备之品，有提神醒脑的功效，民间有"三天不喝油茶汤，走路打颤心发慌"的俗语流传。包谷饭又称金包银，制作时将包谷粒和大米分别煮熟，混合后放入蒸笼蒸熟即可食用。在牛栏界，待客必有酒。酿酒取材本地所产玉米、高粱、糯米等，自酿酒的度数一般不高，但是味道纯正，且有诸如迎客酒、交杯酒、转转酒等饮酒礼仪，是村民们社会交往不可或缺的媒介工具。

生活于山地，木材资源丰富，牛栏界村民因地制宜修建了颇具规模的吊脚楼群，时至今日仍有大量遗存。据村内吊脚楼建造工艺传承人黄秀章老人介绍，在20世纪80年代以前，村里到处都是吊脚楼。现村内仍然保存较好的吊脚楼群有黄家院子、朱家坳院子和曹家盖院子三处。其中朱家坳院子吊脚楼群建造于清同治年间，距今有一百余年的历史。位于朱家坳上村民组，是一处典型的"三合"式吊脚楼建筑群，正房九间，左右厢房各六间。黄家院子建成于清光绪年间，已有一百多年历史，是牛栏界村保存完整的七柱八骑的四合院式吊脚楼建筑。曹家院子位于曹家盖村民组，建成于清光绪年间，现有六间堂屋保存。以黄、朱、曹家三个规模较大的吊脚楼群为中心，四周还零星散布着一些吊脚楼建筑。

这些吊脚楼在建造时，位置选取多依山傍水。建筑风格种类繁多、规格大小不一。条件一般的人家，主要修建三柱四骑式吊脚楼，家庭条件略差的人家修建三柱两骑的吊脚楼，家庭条件优越的人家修建规格较大的七柱八骑的吊脚楼或者修建"四合式"土家族吊脚楼建筑。另外，牛栏界村属高山地形，因此，

黄家院子"七柱八骑"的四合院吊脚楼群（咸丰县住建局供图）

多见"双吊式"吊脚楼，当地人称这种建筑形式为"撮箕口""三合院"或"三合水"，整体风貌呈"凹"字形。20世纪80年代，华中科技大学建筑系教授张良皋在深入实地进行踏勘之后，给予了咸丰县"中国干栏式建筑之乡"的美誉，可以说牛栏界村就是干栏之乡里的微型博物馆。

牛栏界村的传统服饰也颇具特色。据黄秀杰老人回忆，传统男子服饰上衣以低领宽襟衣服为主，袖口短而宽大，纽扣为布扣；裤子也同样宽大，穿时需将裤腰折叠扎于裤带，并且打绑腿。女性传统服饰上衣长至膝盖，袖口、襟边和下摆均印有花边，下装以裙子为主。这样的服饰实用与美观兼具。

牛栏界村土家竹编工艺历史久远，村民充分利用本地丰富的楠竹、金竹、慈竹等资源，编织出竹背篓、竹筲箕、竹簸箩、竹筐、竹盘、米筛、竹床、竹椅、竹箢、竹凉席等竹编用品，一应俱全。现仍有篾匠师傅陈志权、朱绍兴等从事竹编生产。编制时，先准备小锯子、篾刀、刮刀、匀刀、夹子、锥子和竹尺等工具，然后根据不同的竹器选用不同的竹种，伐竹削节、剖竹成篾，使竹篾大小均匀、浸染阴干、进行编织。竹编可织出多种图案，不仅实用，同时也是精致的工艺品。经过无数代艺人的传承和发展，形成了咸丰本土竹编的独特风格。

三、风习传承

咸丰县各姓氏的迁徙历史各不相同。若按来咸时间划分，以清乾隆嘉庆时期为多、咸丰道光时期次之；按来源地划分，以赣湘为多、黔鄂次之；按民族划分，有土家族、苗族、彝族、侗族、汉族等十余个民族。虽然来源地、迁徙时间、传统习惯不一，但在长达数百年的交往、交流、交融中，各民族已经形成了具有咸丰县地域特色的风俗习惯。这种地域特色的风俗习惯多元杂糅、兼容并蓄，在生产力水平大幅提升的现代，正以惊人的速度发生着变迁。但在牛栏界村，由于交通、教育等因素，村民仍保留着传统生产生活方式，使得这种地域特色的风俗习惯得以完好保存。

人生礼仪　当地人对待人生重要时刻格外重视，形成了丰富的人生礼仪。

出生礼是迎接新生命到来的礼仪，"洗三朝"和"打十朝"是牛栏界村的传统生育习俗。"洗三朝"是指孩子出生后的第三天，孩子父亲采摘艾蒿、金银花藤等草药以水煮沸至药水呈黄绿色，待水温降至适宜温度时为孩子洗澡，并且在煮药水时放入生鸡蛋一枚，煮熟后的鸡蛋降至适宜温度后在孩子全身反复滚动，以增强孩子的抵抗力。"三朝"洗过之后，孩子的父亲抱一只鸡去妻子娘家报喜，抱公鸡意为生子，抱母鸡意为生女。妻子娘家人也要"打发"一只鸡，若女婿抱来公鸡则打发一只母鸡，抱来母鸡则打发一只公鸡。"洗三朝"之后双方家庭开始着手准备"打十朝"，"打十朝"又称"整满月酒"，目的在于将添丁的喜讯快速传达给亲朋好友。孩子父亲一家置办宴席，邀请本族亲朋好友，孩子母亲的娘家则邀请自家亲友，并置备送礼所用的物品，如稻谷、糯米、腊肉、鸡蛋等以及新生儿所穿戴的衣帽等，在"打十朝"的时候一并送去，称为"圆陪嫁"。孩子母亲的娘家备好礼品，多的有十余担，一家老少前往祝贺，主人家则以当地最高规格置办宴席接待。

　　婚礼是人生走向成熟的标志，也是人们正式承担社会责任的开始。牛栏界村的传统婚礼程序复杂，依然保存着浓厚的土家族文化印记。村内老人介绍，男女相亲称为"打样"，由男方请媒人去女方家提亲，男方首次请媒人去女方家时，要请喝"发脚杯"并置办礼品，再经过"讨八字""插香"等流程后，择良辰吉日娶亲。在成婚前一日，男方家中要设宴款待迎亲人员，请来十多个未婚男青年陪新郎喝酒，称"陪十兄弟"。新郎这时被称作"新科状元"。此时中堂华灯高照，堂屋中间摆下盛酒，青年人轮流行酒令、唱山歌、祝贺新郎鹏程万里、家庭和睦。同日，女方邀请九位未婚女子围桌而坐，陪新娘唱十姊妹歌，谓之"陪十姊妹"。新娘出嫁时，上轿子前由自己的兄长背出闺房，在堂屋辞别祖宗再背上花轿。在整个过程中，姑娘脚上不能沾染泥土，也不能用脚碰门槛，意为不能将娘家的好运气带走。上花轿前，新娘的姑姑或婶婶"撒筷子""撒五谷"，以表示对出嫁姑娘的祝福，女方父母要将准备好的嫁妆绑"花板爪"，使其造型美观。发亲后，新娘的兄弟或长辈将新娘送至夫家，夫家在门外陈设香烛、清酒和公鸡一只，祭祀女方护送神，这种习俗称为"回煞"。随后，新娘由男方姑母牵引至堂屋与新郎行拜堂礼,在拜堂过程中,新婚夫妇由一对德行兼备的夫妇进行牵拜,俗称"圆亲"。成婚后的第二天,新婚夫妇祭拜祖宗,随后拜见男方姑舅等亲属。在拜见长辈的过程中,首先拜见贤能有德的长辈,称为"开拜";随后依次拜见,称为"圆拜";受拜的长辈要赠予新人红包,称为"打发钱"。"陪十姊妹"和"哭嫁"是村内婚嫁文化中历史久远、特色鲜明的仪式。在牛栏界村,练习哭嫁曾是待嫁新娘的"必修课"。据说在出嫁前一个月就有专人指导新娘哭。在出嫁前十天或三天时,新娘开始哭嫁,临嫁前一晚要哭一通宵,哭的内容包括哭父母、哭媒人、哭上轿等。"陪十姊妹"是哭嫁过程中的一个环节,十姊妹围坐一桌,首先由新娘哭"十摆",新娘哭"一摆",厨师在桌上摆一样菜,摆完后,其余九姊妹轮次哭,最后又由新娘哭"十收",厨师再一样一样地将酒菜收进,菜收完,陪十姊妹活动即告结束。

死亡是人生的终点,在牛栏界村人的心中,人的死亡与出生相对应,人的出生礼仪隆重,因此,人的死亡也应当和出生一样隆重且庄严。在观念上,认为人要落叶归根,要在自己的家中寿终正寝(男性死亡称"正寝",女性死亡称"内寝")。在老人在世时就要提前准备好寿材,家中老人临终时,家庭成员都要赶回家为老人送终。当老人去世时,晚辈要将老人扶坐起来,不能躺着落气,并且要当即燃烧纸钱,俗称"落气钱",然后再向亲戚朋友、乡里乡亲报丧。在吊丧期内,亲戚朋友、相亲邻里闻讯到场"看死"。葬礼过程中有特色的丧葬文化,内容有穿花、坐丧鼓、唱孝歌等。穿花是一种跳丧舞蹈,分为"绕棺"和"绕坛"两部分,由道师伴着锣鼓进行穿、绕、腾、挪、辗、转、闪、扑等动作,编排各种花式步伐在棺木和法坛周围反复环绕,形式活泼、气氛热烈。"坐丧鼓""唱孝歌"是同时进行的,在丧堂外左边或右边(男左女右)摆上八仙桌,上方供上死者灵位和香烛,被主人请来的歌郎和鼓手分坐两边,按照击鼓和唱歌交替循环方式进行。孝歌歌词多为即兴创作,既有历史故事,也会颂扬死者品德、才能以及对家庭、社会的贡献。

岁时节庆 咸丰传统节日主要有年节、端阳、月半、清明、中秋,但在节日具体内容上糅合了许多本土仪式,这些仪式内容在牛栏界村还有完整的保存。

年节一般从腊月下旬开始置办年货，腊月二十三"打阳尘"，即全面打扫自家住宅。值得一提的是，打扫所用的扫帚需要特别制作，将枝丫捆扎于竹竿前梢，手握竹竿清除高处的灰尘，使用完后，将扫帚弃置于自家住宅旁边的山头或者弃置于竹林当中。在腊月二十三夜祭灶神，在此过程中需准备香纸、敬茶等。腊月二十四，俗称"过小年"，是日宰杀家畜称为"杀年猪"，取肉之后用香料等腌制并慢慢熏烤制成腊肉。腊月二十四以后的几天，各家各户开始准备年夜饭的食材，如发泡粑、煮甜酒、打糍粑等。年节期间有诸多禁忌，如俗语称"七不舂八不推"，即腊月二十七不舂米、腊月二十八不使用磨。腊月三十团年，男人打扫住宅，女人做饭准备家宴。吃团年饭也不同于平日的一日三餐定时，大致午后家家户户先后团年，全家人在吃团年饭前，有"叫饭"习俗（也称"献饭"），将筷子置于碗上，敬拜祖先，然后在饭桌周围敬香茶于地上。在吃团年饭的过程中也同样有禁忌，忌"以汤泡饭"，认为"以汤泡饭"代指"一年泡汤"。另外，吃团年饭要细嚼慢咽，认为"年饭吃一年"，来年才能有饭吃，不受饥饿。团年饭吃完之后，各家各户要去给自家的树木"喂饭"，意为祈祷来年果实累累。正月初一，各家各户在天没亮的时候就要焚香祭祖，各家各户也争相从水井里挑回第一桶水，第一桶水有"金水银水"的寓意。另外，还要将一捆柴火从大门扔进堂屋，寓意"财喜进门"。在大年初一，忌"食用米饭"，只能吃菜、糍粑等食物。从大年初一开始，各家各户选择良辰吉日陆陆续续访亲拜年，从事商业活动的要闭店三日，称为"关财门"。正月初九称为"上九日"。过去"上九日"之后才可进行采莲船、狮子灯等活动，直至正月十五元宵节。现在，此规定已被打破，正月初一即可"出灯"。

端阳节也是重要的传统节日之一，分为大端阳和小端阳，五月初五为小端阳，五月十五为大端阳。小端阳时，各家各户采集艾蒿、菖蒲悬挂于大门上，并且将雄黄酒洒遍墙围、家畜圈以趋避蛇虫。另外，在小端阳到来时，家家户户要包粽粑，粽粑以糯米为原料，以箬叶包裹结实，煮熟后即可食用。在小端阳时，已经订婚但未成亲的女婿要准备猪肘子、粽粑等物品去探望准岳丈，这种习俗称为"打端阳"，并且岳丈要回赠未来女婿以草帽、折扇等物品以表示满意未来女婿。大端阳习俗相对弱化，民间更重视小端阳。由于农历五月多雨水，因此，也有涨"端阳水"的说法。

月半节是村民比较重视的节日之一，有"年小月半大"的说法。月半节又称中元节，也称鬼节，是祭祀逝者的节日，节日具体日期不定，一般七月十二开始，不超过七月十五。据老人介绍，月半节要用纸钱封包，写下祖先名讳，于月半当日在堂屋摆下酒菜祭祀祖先，当晚焚烧包封。不同于清明祭祖，月半祭祀不需要亲临祖先坟墓，俗语称"清明祭坟，中元祭名"。清明节同样是祭祀祖先的节日，牛栏界村清明祭祖有"挂清"习俗，即将白色纸钱挂在竹竿上插于坟上，但忌挂"对清"，意为不在清明节当日挂清，而是在清明节前十天或后十天挂清，俗语称"前十天，后十天，懒人还有十天"。另外，如需修理坟墓，则必须在清明节前后三天内完成。

中秋节是庆祝丰收的节日，与汉族地区大致相同，一家人团团圆圆赏月纳凉。在牛栏界村，中秋有守夜习俗，认为八月十五是"开天门"的日子，在后半夜看到开天门是吉祥的预兆。当夜，未有生育的妇女偷偷进入邻家菜地，挑选又大又圆的南瓜摘下，用红布包好带走，寓意"偷瓜抱子"，隔日菜园主人看见也是一笑了之。

四、古村新貌

新时代以来，牛栏界村积极发展多种产业，将经济建设与生态资源融合在一起，走出了一条新路。

李子和茶叶是牛栏界村最主要的经济作物，牛栏界村茶叶种植规模较大，现有茶园1800亩，主要种植乌龙茶。另有药材基地180亩、李子250亩。养殖业主要包括猪、牛、羊和家禽。其中，生猪养殖一直都是养殖业的龙头，生猪品种主要包括咸丰黑猪和杂交猪，养殖方式基本上以家庭为单位。近年来牛栏界村养牛业迅速发展，主要品种包括黄牛、水牛和奶牛。

黄金洞乡麻柳溪村

——九龙盘踞 桃源仙居

镶嵌在武陵山区的麻柳溪村，是咸丰县黄金洞乡的一个多民族聚居村寨，位于黄金洞乡集镇西北4千米，其中心广场距黄金洞集镇约11千米。这里群山环抱，流水潺潺，乡风古朴，民歌悠扬，有着丰厚的文化底蕴和鲜明的地域特点。该村在地形上"负阴抱阳"，麻柳溪从中穿行而过，九条分流滋润全村，如同九条潜龙蓄势待发。2014年7月，麻柳溪村入选第一批中国少数民族特色村寨。

麻柳溪村全貌（咸丰县住建局供图）

一、恬静山村

在距离咸丰、利川、恩施城区各50千米左右的群山峡谷中间，有这样一片风光秀丽，气候宜人的村寨：一条蜿蜒的小河绕村缓缓而过，沿河两岸，为数众多的木构吊脚楼错落有致，构成土家族特色的吊脚楼群落。这便是起源于明代，勃兴于清代，享有中国中部最后的一个香格里拉美誉的黄金洞乡麻柳溪村。

麻柳溪村在明代隶属于金洞司覃氏土司地，清改土归流后属施南府咸丰县智信里六甲。民国时期属黑洞乡第九保，下辖8甲。中华人民共和国成立初期属于三合乡（小村、清坪、黄金洞三乡）。1958年公社化时名为成群大队，1981年地名普查以麻柳溪地名更名。今麻柳溪村隶属黄金洞乡，东接兴隆坳村，西北与利川交界，南连水杉坪村。

麻柳溪村是典型的山地河谷地貌，经过绕村环绕的溪流——麻柳溪及其支流的切割，形成既有河谷坝子又有高山平坝的地貌特征，既有住家取水方便之利，又为农业耕作提供便捷。蜿蜒的麻柳溪因溪水两岸麻柳树众多而得名，两岸青山对峙，较为狭窄，太阳光照在两边山崖和密林里，为多姿妖娆的麻柳林又平添了几许浪漫。麻柳溪，全长9千米，终年溪流潺潺，为全村提供了重要的水利灌溉资源，孕育着一方百姓。麻柳溪自西向东汇入唐崖河，山势陡峻，溪流曲曲回环，由村头至村尾仅麻柳溪干流就要过三十六道水（方言，即需要蹚水过河三十六次），枝状分布的支流和犬牙交错的山岭构成了麻柳溪"一大溪九小溪，九条龙"的枝条状村落格局。九小溪系麻柳溪水系的九条主要支流，即左岸的夏家溪、上槽溪、三岔溪、头道溪、高洞溪和右岸的张保溪、梅子溪、老熊溪、枧槽溪；九龙便是九条带有龙的山脉地名，如回龙堡、大龙神坳、小龙神坳、龙神坳等。

麻柳溪两岸，自然生长着许多麻柳树。溪流之上，古朴的石桥、木桥随处可见。石桥都是用河中鹅卵石拱成，从侧面看，表面光滑却青涩，点点青苔附于表面；而木桥则大都是三五根粗大楠木搭建而成，虽简易成型，但方便快捷。

如今的麻柳溪村，全村共有8个村民小组，沿着蜿蜒曲折的麻柳溪依次排开。一组回龙堡，因山堡被麻柳溪的几条支流迂回包围而得名；二组福田村，又名小坝，据说在1920年左右，赵姓村民住在此村庄，想"荣华富贵、满门幸

麻柳溪（咸丰县住建局供图）

福",便改为福田村;三组夏家溪,因紧邻麻柳溪支流夏家溪而得名;四组金华村,别名何家坝,相传有一名谢姓村民准备在此建立一座漂亮华丽的村庄,因此得名金华村;五组为罗家坝;六组垌场坝,因当地人习惯称田为垌,而田坝中有晒谷场因而得名;七组桑木坝,因坝中原先长有桑树而得名;八组赵家院,则因早期的赵氏村民聚居而得名。整个村域面积 36000 亩,耕地面积 1800 余亩,林地 29600 亩,有机茶面积 1650 亩,平均海拔 800 米。

二、多族共居

麻柳溪人先祖多是于明末清初由贵州、湖南等地迁移而来,经过代代薪火相传,逐步融入当地社会,不断耕耘创造,留下了丰富的文化遗产。

现麻柳溪村共 457 户 1444 人,整个村子是多民族杂居村落,以土家族、羌族居多,人口占全村所有人口的 92%,另有汉族、苗族、朝鲜族等其他民族。麻柳溪村是一个典型的杂姓村落,其中以赵、罗、李、谢、姜、王等几个姓氏居多。

在麻柳溪现居家族迁入以前,麻柳溪亦有自成聚落的姓氏分布格局,如宋家湾、侯家沱、夏家溪、何家坝、郑家坝、罗家坝、廖家院子、印家湾、冉家沟、陈家湾、潘家屋基等。这些历史地名大致可以反映曾经的姓氏分布格局。清改土归流前后,赵氏、罗氏、谢氏、李氏、姜氏、王氏等家族陆续迁入。经过数百年的发展,这些家族人丁日盛,逐渐形成各自的文化特色。麻柳溪流传的顺口溜"王家的枪杆子,李家的笔杆子,谢家的秤杆子,赵家的租升子,姜家的锄把子",大致可以反映各个家族曾经的情况。

根据麻柳溪现居村名分布轮廓及其祖先传说,大致可以根据迁入时间的早晚勾勒出自麻柳溪下游而上的姓氏分布格局。赵氏家族是最先定居麻柳溪的,传说先辈迁徙麻柳溪以后,在金洞司覃氏土司手中购置产业,定居于今回龙堡至福田村一带。与赵氏一同前来的谭氏也大致活动于上述区域。而后是自贵州迁至利川,再辗转迁入麻柳溪的罗氏,他们与赵氏家族杂居。再往上游夏家溪发源地金家盖为金氏家族；郑家坝、罗家坝、枧槽溪上游的李家盖等地居住的是李氏家族；桑木坝、老熊溪、姜家盖、梅子溪、张保溪则主要是后来的谢氏家族、姜氏家族和王氏家族聚居地。

赵氏家族 麻柳溪的赵氏家族始祖赵学成，为避水患，从湖南常德府武陵县迁往麻柳溪丰土堡居住。赵学成迁至麻柳溪，现已繁衍14代人，后人多迁往利川、恩施、浙江等地。现居麻柳溪的赵氏族人员约160人。当时，同赵家四兄弟来到麻柳溪的还有唐家和李家，当时三家抱团发展，结拜成兄弟，于是在麻柳溪至今流传着"赵唐李三家，有女不开亲"的说法。

罗氏家族 麻柳溪的罗氏家族是罗万元的后裔。清朝时期，罗万元从贵州安化县桐子坡村迁到利川，后来迁到麻柳溪侯家坨定居。同罗万元从贵州迁出的还有罗万元的两个堂兄弟，后来在清坪定居。罗万元定居后，家族人丁兴旺，但多迁出麻柳溪，现仅有五家在麻柳溪居住。由于族谱丢失，字派只能口耳相传——正良万承天文廷启永。罗家在清朝时曾出了一位叫罗文贵的绅士，以做小生意谋生，为人正直，办事公正，深得乡亲们信任，是当时有名的乡贤。当时的知县还曾给罗文贵送了一块牌匾，以示对罗文贵的褒奖。

谢氏家族 清咸丰年间，谢氏先祖谢天友兄弟二人因避水患从湖南辰阳迁至麻柳溪，其兄居郑家坝，天友居麻柳盖。谢氏家族旧有20个字派，今已递及，故谢氏家族修家谱时又增订40个新字派：申伯开景运，先泽源远长。忠孝克家本，贤能保邦良。英才必显达，多士焕文章。传之有万代，芳名永世昌。

李氏家族 清朝中期，滇、黔等地民不聊生。乡绅李光极由贵州铜仁安化县（今思南县，小地名岩底寨刘家老屋基）迁至黄金洞水杉坪长槽，不久又迁至麻柳溪石炉缸（今李家界）。由于在李家界居住期间频遭灾祸，李家第七代孙李仕朝迁往苦草坪、李仕义迁往枧槽溪。当时李家家大业大，其业上至老熊溪，下至金华村，有"李半截"的称号。永兴坝李氏至今仍按字派取名：人景水思禾，百木知朋王。可朴学庭凤，启世大文方。志仕该登朝，丕永观国光。运继清时胜，红开少天相。宗祖德泽远，万年长发强。

姜氏家族 据姜氏后人口述，麻柳溪的姜氏是从贵州安化县村木场火石丫

（小地名叫三角坡）迁入的，现在麻柳溪姜姓近 400 人，约占麻柳溪总人口的三分之一。姜氏家族在近些年发展非常兴旺，多位姜姓后人当过书记、乡长。姜氏字派本为"再正天光昌胜秀"，姜光烈在修谱时认为仅用 7 个字无法别长幼、辨尊卑，于是修订字派为：本培生发茂，源远流行长。德厚绍宗祚，善多继祖芳。功修成国业，泽及定家邦。文化昭炎代，书香万世章。

王氏家族 麻柳溪的王氏家族最初在山西太原居住，由于居住地经常遭水灾，便搬到了湖南常德的王家湾丹儿丘，后又因常德也时常发大水，便搬到了咸丰和利川。搬到咸丰的王氏先祖一个安家五谷坪，一个安家麻柳溪。搬迁到麻柳溪的名叫王用珠，葬于姜家堡。王家本来有家谱，但是在历次搬迁途中丢失，家族字派也只能靠人们口耳相传：家用平康、帮乃齐昌、照明永怀、抚恤万方。

三、民居寺庙

吊脚楼是构成麻柳溪民居院落的基本单元。在麻柳溪，古朴别致的吊脚楼建造非一蹴而就，通常包括看风水、挖屋基、发木、立屋、上大梁及落成热火坑等过程。

麻柳溪人十分注重风水，由此形成了一套堪舆选址的理论，即选址要具备"前有案、后有靠，左右有环抱"的四势对称原则。依山而建，就地兴工的传统吊脚楼在客观上节约了土地资源，使更多的平地良田可供农业耕种。吊脚楼成为土家先民对环境进行调适后的文化选择。当地一段三棒鼓歌词清楚地表达了吊脚楼的选址及位置朝向："依山来傍水，倾听林涛声，绿林玉树相掩映，夏季好秋荫。"

麻柳溪畔的土家寨子大多顺坡而建，坡上树木繁茂形成"座山"。在具体选址上，房屋两旁多是呈现"左青龙、右白虎"合抱之势的缓坡山头和以树林为背景的珠联璧合，正面远方的"案山"是一处姿态优美的"笔架山"。正屋前宽敞的院子是村民晒谷打场的场所，外沿是具有民族传统工艺的雕花栏杆，独具民族特色的吊脚楼与不远处的山形相互辉映。

麻柳溪村的吊脚楼群(咸丰县住建局供图)

  土家人建吊脚楼讲究"屈曲生动,端园体正,均衡界定,谐和有情"的建筑环境美学原理。[①]麻柳溪人遵循着传统儒家"斧斤以时入山林"的教诲,世代务农、狩猎的麻柳溪人很早就知道当地生态对全村人的重要意义,因此村民时刻保持着周围环境良好的生态平衡,加上当地森林资源丰富,有得天独厚的条件能够提供足够的木材修造木构吊脚楼。

  目前,该村根据湖北省民委关于少数民族特色村寨保护的"四个一批"要求,对现有近350栋民居进行了改造,以突出"木质色彩回归,吊脚飞檐走势,点缀山水和谐"的理念,将现有民居建筑改造成以木质结构吊脚楼为主体风格,统一实行调檐跺脊、木板包墙、木花窗、瓦屋面,利用清漆涂刷,重现木质本色的地方特色民居样式[②]。严格以建房选址必须"依山而建,不建在茶园中;建房不废茶园,不靠公路;集中而不分散;建当地传统民居特色的木瓦房,杜绝平顶房、小洋房"的四条原则规范新民居修建。通过一系列措施保留了麻柳溪村落的传统格局和建筑风格,使其极富地域民族特色。

---

① 周玲. 人间仙居麻柳溪村 吊脚楼群美如画. 中国民族建筑网。
② 罗家旺. 寨数这方秀 人是这方勤——恩施土家族苗族自治州咸丰县麻柳溪村特色村寨建设试点工作纪实. 民族大家庭. 2013年第1期。

回龙堡、丰堡土聚落群　回龙堡和丰堡土是赵氏家族迁居麻柳溪的落脚地，至今仍是赵氏家族主要聚居地之一。两地现存传统民居建筑十余栋，在建筑样式上有"钥匙头""撮箕口"等。

郑家坝聚落群　郑家坝初名永兴坝，与麻柳溪村委会所在地罗家坝毗邻，系李氏家族主要聚居地。李氏家族迁徙咸丰之初，居住在水杉坪的苦草坪，后有一支迁麻柳溪石炉缸（今名李家盖），后逐渐发展成麻柳溪望族，以文化闻名乡里。李氏在李家盖经营几代人后，人丁几乎不保，继而四处寻求迁徙地。迁郑家坝李氏一支人丁逐渐繁盛。

麻柳溪河行至郑家坝段，对山横抽一山岭拦住河水，状如长蛇，形似几案，逼迫河道大转弯。或许因为这样水绕山缠，聚集了数十栋民居选址此处。

洞长坝、桑木坝聚落群　洞长坝、桑木坝地处麻柳溪上游右岸，因老熊溪来汇而被分割为两地，现有民居建筑20余栋。这些民居既有传统的"撮箕口""钥匙头"样式吊脚楼，又有新建的仿传统建筑，这些特色鲜明的民居依山傍水，掩映于碧绿茶园和茂林修竹间。

宝华寺与回龙寺　庙宇是带有宗教性质的建筑，是人们信仰活动的开展场所。麻柳溪村的宗教类建筑主要有家族性祠堂、佛教寺庙、道教宫观等。在麻柳溪历史上，未见有家族性宗庙的相关文献和民间传说，但有佛教、道教等宗教性的建筑，如宝华寺、回龙寺、雷音寺等。这些建筑均已被破坏。

宝华寺与回龙寺均位于麻柳溪村马柳光。宝华寺坐落在靠麻柳溪河上游一侧的山咀上，今已毁。寺庙遗址已经被坟墓、民居、茶厂等代替。回龙寺则位于麻柳溪河马柳光段的下游一侧的小山咀上。两座寺庙隔河相望，中间由横跨麻柳溪河的风雨廊桥连接，往来很方便。回龙寺则毁于戊子年（1948年）的大水。

宝华寺为三间木质穿斗式建筑，占地面积不详，曾在寺中办过学校。据说该庙供奉的菩萨很多，雕工极细，是一个外地来的雕匠雕了十几年才完工。

雷音寺　雷音寺又叫雷音阁、清凉宫，位于麻柳溪村一组，小地名茅坡。麻柳溪村一组黄家盖的一条山岭上，有被雷打的一个一亩左右的大坑叫雷打氹，雷音寺因此得名。雷音寺修建在麻柳溪与一条无名小溪沟交汇处的一个小山包上，庙雕梁画栋，气势恢宏，为三间吊脚飞檐式阁楼，后被拆毁，现仅存遗址。

四、墓群墓葬

麻柳溪村为麻柳溪及其九条支流所环绕，且背靠群山，山环水抱，是一个好地方。这样的地方，自然少不了牛眠龙绕的墓地。比如，村里的姜家坡、张堡溪板栗坪、姜家堡、丰堡土等地，都有规模可观的墓葬群。

姜家坡位于麻柳溪村八组，是麻柳溪姜氏家族由贵州徙麻柳溪的最初定居地。墓群依山坡地势呈阶梯状分布。各坟墓大小相近，高约1.5米，长约3米，宽约2米，坟头呈半圆形，坟尾呈梯形。俯视坟墓，形如平放的水滴样。整个墓群为封土墓，仅姜氏徙麻柳溪先祖岑氏有墓碑。墓碑较为简朴，由主碑、碑柱和望山石构成。主碑顶端书"万古佳成"，中间竖书"清故正祖姜门岑君墓位"。主碑左沿书立碑时间为"皇清光绪十年三月初八日"。

姜岑氏墓碑（冉文 摄）

张堡溪板栗坪墓群位于麻柳溪村张堡溪板栗坪，系今张堡溪老屋场后山的小平坡处。墓地有数十座封土墓，其中四座有墓碑，记载了较为详细的墓主信息。这四座墓葬碑文显示其均为清代墓葬，其中三座为谢氏家族墓葬，一座为姚氏家族墓葬。

姜家堡墓群位于麻柳溪村姜家堡，处于老熊溪与麻柳溪干流交汇点右侧山脊。姜家堡墓群现存石砌封土墓葬近百座，古墓仅李再福夫妇合葬墓为牌楼式墓碑。该墓地墓葬十分密集，但凡能放下棺材的地方都葬下了坟。

丰堡土墓群位于麻柳溪村大悔寨下的丰堡土，是麻柳溪墓葬较为集中的古墓葬群之一。整个墓群分布在一个小山岭上，层层叠叠，秩序井然，其中有碑坟四座。从碑文信息看，这四座墓葬均为清代墓葬，其中有两座为罗氏家族墓，一座为谢姓先祖，一座为赵氏家族墓葬。

丰堡土墓群的历史较为悠久，其中比较有名的是赵氏家族迁徙到麻柳溪的赵学成夫妻的合葬墓。该合葬墓地位于丰堡土靠回龙堡一面的河边，经麻柳溪河曲曲缠绕，与回龙堡交锁，形成太极图之阴阳鱼形状。墓在一条阴阳鱼状小山包的鱼眼处，系石砌封土墓，坟头呈圆柱体形，头大尾小，俯视如平放的水滴样。坟墓右侧有一立于民国戊子年（1948年）的方形挡水碑，上面书写"泰山石敢当"。

五、吊脚楼营建

吊脚楼是一种传统的干栏式建筑，是鄂、湘、渝、黔土家族地区普遍使用的一种民居建筑形式，是一种独具特色的民间物质文化遗产。麻柳溪的很多吊脚楼在建造时都是根据当地山地河谷的地貌体征依山而建，临水而居，既满足了当地百姓的日常生活需要，同时也十分符合建筑学原理。

现存麻柳溪吊脚楼聚落群多分布在麻柳溪河两岸，由于传承保护工作开展较早而得到了较好的保护，特别是传统吊脚楼民居样式和营建技艺最为突出。麻柳溪现有吊脚楼营建技艺传承人数名，其中县级传承人1名、州级传承人1名，省级传承人1名，有土家族吊脚楼营造技艺传习所1处，形成了较为完备的技艺传承体系。

吊脚楼营建工艺是一个复杂的体系，工艺流程多，每个大的工艺流程中又有很多的详细步骤，整个工艺过程中蕴含了诸多的仪式和法术。若是有人想要学习，需要很长的时间，最快的通常也要三年以上。一栋吊脚楼的营建流程通常包括：首先是主家决定修建房子，邀请风水先生架罗盘，选屋基；其次是请劳动力，平整地基；再次是请木匠师傅进场，正式开始房子的修建工作。这一系列工作的开展，通常由不同行业的人完成，每个步骤都有专人负责开展相关工作，清楚所有步骤工艺的人在当地是很少的。

当地吊脚楼营造的主要工艺流程包括以下 15 个步骤，这些步骤看似繁琐，但其中蕴含的内容是当地百姓在上百年来营建吊脚楼经验总结的基础上摸索探究出来的。

第一步：选屋基。选屋基又叫选屋场或看屋场，常请专门从事"风水堪舆"的先生来看。他们有一套自己的理论体系来评价屋场的好坏优劣，其中某些标准蕴含着丰富的生态知识，是当地人有关人与自然和谐相处知识的形象表达。

第二步：平整地基。平整地基是经风水先生确定好屋基以后，根据主人的需求提出屋场地基的平整意见或方案。

第三步：请木匠进场。主人家去请木匠的时候，通常会把想要修建的房屋样式、形制等事项告诉掌墨师，或请掌墨师实地考察屋场后，确定房屋样式和形制。

第四步："打青山"。"打青山"实际上就是敬山神，也作"青山马子"。

第五步：开篙画墨，荒料加工。"开篙画墨"是修建吊脚楼加工木料前必须做的一道重要工序，是掌握修建吊脚楼技术的关键，也是修建吊脚楼技术的核心。

第六步：角斗。为了后阶段立屋的准确位置和确定朝向，要在屋基上画线钉桩，这一过程叫"角斗"。

第七步：排扇。排扇时要从两山开始向中堂靠拢，先排中柱，再排一穿，接下来的顺序是大骑—二金柱—小骑—檐柱，排好一个部位就用响锤撞击，用木楔塞紧，这样从中柱开始依次序先后向两边排，即成一排扇。

第八步：敬鲁班。掌墨师在立屋的当天凌晨四五点钟进行敬鲁班仪式，这是修建吊脚楼过程中较为隆重的一个仪式。

第九步：立屋。清晨七八点钟吉时一到，新屋正式"发扇"。

第十步：砍梁木。梁木是堂屋顶部的一块斗枋，是吊脚楼房屋整体建筑的脊梁，是建房人家视为最重要、最神圣的构件。当地土家族人修吊脚楼砍梁木不是要砍自家的，而是用"偷"的办法获取，因而"砍梁木"便成了"偷梁木"。

第十一步：加工梁木。梁木砍回后，一般要请解匠师傅解梁木，即用锯子从中间一剖两开。

第十二步：开梁口。"开梁口"前主人要备红布（亦称包梁布）、同一年号的铜钱、历书、纸笔墨双份、红线等物举行一趟"开梁口"仪式。接下来还要为梁木题字，如"富贵双全"。

第十三步：包梁。掌墨师在梁木正中图案处放上两本历书、两支毛笔、一束红线以及从梁口砍下的木渣，用撕成方形的红布覆盖梁木的中心。以四个同一年代、同样面值的铜钱钉牢，边钉边念些吉祥话。

第十四步：上梁及抛梁。主体大架基本告成就要开始上梁木。上梁需几个壮劳力将梁木抬到堂屋正中放到条凳上，再由掌墨师和另外一名木匠沿架在木扇上的楼梯攀爬上屋。

第十五步：撩檐断水。"撩檐断水"是吊脚楼营建主体工程的最后工序。屋顶要土檩子、钉椽匹，对超过檐口的檩子、椽匹用墨线拉直后沿着弹出的墨线将多余部分全部锯掉，然后在屋檐口檩木上钉上花檩，使檐口整齐也更美观，再请上瓦匠师傅在椽皮上盖上青瓦。

六、旖旎奇山

亮孔寨 亮孔寨位于麻柳溪与利川市毛坝咸服溪交界处的山峰上，因自然风化和地质变迁引起山壁崩塌而使山体上部洞开了一个穿洞，被当地人称为"亮孔"，亮孔寨也因此得名。该亮孔形似一个等腰三角形，高约50米，宽10余米，进深约5米。站在孔洞里眺望，麻柳溪与咸服溪两边的风光尽收眼底，翠竹苍松，奇峰怪石，一览无余。麻柳溪人喜欢亮孔寨，是因为永恒不变的亮孔寨，见证了麻柳溪从贫穷走向富裕、从落后走向兴旺的全过程。

四方梁 四方梁位于麻柳溪河与水沙坪交界的山脊上，因山脊上的石头方正形似房梁得名。民国时期，麻柳溪某私塾老师编写《新三字经》一册，书中一部分描写麻柳溪及周边地区的自然地理状貌，诸如人头山、亮孔寨、堰塘等景观的描述，称四方梁像一条船。四方梁靠麻柳溪一侧为形似房梁的方正悬崖，靠水沙坪一侧则形似彩龙船搁置于山脊上。

七、历史故事

何英攻打大悔寨 何英取大悔寨是麻柳溪及周边民众津津乐道的故事,也是麻柳溪历史上的大事件。据传,金峒司是覃姓土司,按照传统,土司都由长子继承,但在传到覃壁这一代的时候,产生了争位事件。覃壁是次子,却想当土司官,加上兄长老实,便弑兄夺位,当上了土司。覃壁的夺位违背了朝廷律法,为了躲避中央的惩罚,覃姓土司携母亲等逃亡至麻柳溪大悔寨。

大悔寨位于高山上,四面悬崖绝壁,只有一条小路可以上山,可谓是"一夫当关万夫莫开"之地。依据山寨地貌和士兵规制,覃壁分设上营、中营和下营三路士兵把守驻扎,大悔寨三营的地名仍存。覃壁以为得地利优势,又有强兵壮马守卫,定能永世承续。覃氏想得到长辈的夸赞和封赠,就问母亲这个地方如何。母亲说,这个地方好,除非是河鹰才奈何得了你。

施南府几次派兵围剿,都被覃土司的滚木落石打得落荒而逃。最后,派遣了一个叫何英的主将领兵征讨。何英勘察地形后,认为强攻不可行,只能智取。于是以高官厚禄招安覃氏,将其骗下大悔寨,随后趁机擒拿了覃壁。民间说覃氏受母亲诅咒,要被何英所克(因何英音同"河鹰")。此地之前并非叫大悔寨,是覃壁被骗下寨子受擒之后大呼后悔,故后人将此山寨称作"大悔寨"。

覃土司战败后,把土司大印"金峒安抚司印"藏在了司衙的屋檐石阶下,后被当地一个叫黄少银的村民挖蕨粑时挖到了。此印现藏于恩施州博物馆。

据说覃壁还在某处石壁中藏了金银。覃氏担心兵败,财宝被洗劫,于是请石匠在某悬崖上凿了洞,把金银藏好后,又凿掉进洞的路。覃氏担心石匠走漏宝藏的风声,又派人追杀石匠灭口。石匠被杀的地方就叫"杀人溪",今地名尚存。

神兵纵火 "神兵"是古代鄂西南一带很盛行的一种带有神秘色彩的民间武装组织。清朝光绪晚期,由于清廷腐败无能,加上时局动荡,地方的治安形势非常糟糕。四川的土匪流寇经常会窜扰到鄂西一带烧杀掳掠,老百姓的生命和财产毫无保障,一直处在担惊受怕的惶恐之中。为了保护家园和人身安全,当地百姓被迫自发组织起来。每遇土匪骚扰时,就假借传说中一个叫张公夫子和白马将军的神祇护佑，齐心协力抵御土匪，自号"神兵"。

据说，当时的麻柳溪有个大地主赵三老爷，住在麻柳溪的回龙堡。他的田地很多，麻柳溪通河以及唐崖河直上至三千坝的田都是他家的，但赵三老爷还在不断地添置田产，他在三千坝买田的时候得罪了神兵。神兵便来麻柳溪复仇，把沿河的房子全烧了，只剩山上姜家盖有几所房子没有被烧。"神兵"返回的路线是走小村方向上山，到了山顶往回看才发现有"漏网之鱼"，懒得折回来，才没被烧。

神兵烧房给麻柳溪人带来了巨大灾难。人们只有白手起家，重新修房造屋。有的人几年没有住处就搬到山洞去住，据说余家盖和朱家岩以前都有人住过。

李家大力士 相传枧槽溪李家盖的李家有位长工，是个大力士。他一个人可以做李家大部分的农活。到秋收打谷子的时候，他不用背篓、打杵等农具，早上就一个人背着百十斤的挞斗（也称复斗，用于收割稻谷，可供8个人同时拍打稻穗）到稻田去，晚上就用挞斗装一满斗的谷子从一尺多宽的羊肠山路回去。不管到哪里收割水稻，他都从来不用箩筐、背篓，挞斗就是他装谷子的工具。有一次，他同李家父子一路去小村榨油，李氏父子看到开榨房有利润，麻柳溪附近又还没有榨房，便想回麻柳溪自己开榨房，于是从榨房高价买了一套榨圈子。大力士一人挑油枯和油，李氏父子两人挑一套榨圈子。在回来的路上，李氏父子跟不上大力士的脚步，大力士把他们挑的铁箍子分了几个过来，走了一段，李氏父子还是跟不上，最后大力士一个人全部挑了回来，李氏父子空手跟了一路还满头大汗。还有一次，有户人家出殡，棺材是柏香料做的，十几个人都抬不动，大力士一个人将棺材反手背到了墓地。当地人都称赞大力士的神奇。

大力士姜天成 姜天成也是有名的大力士，麻柳溪印家湾人。年轻的时候帮人做工，干了许多力气活。60岁以后，家人不让他外出干活了，让他在家养老，做些家里的小活。他每天煮猪食的时候，要先用大木盆装一盆红薯洋芋，再倒进大灶锅中煮。他每次都是一只手端一盆砍好的红薯洋芋倒进灶锅而不挨着灶台。有一次，王家有个地主在桑木坝立房子，还差一根中柱。他一个人到印家湾砍一根杉树中柱（三尺多的周长，一尺多的直径）连头带尾扛了回来。那根杉树裁了一根中柱料以后,还下了一根跑水梁木。印家湾的小河沟上是三根杉树并在一起搭的木桥,他过桥的时候踩断了一根木桥,但扛的料两头没沾地。

八、产业振兴

武陵山区的农业生产活动起源较早,形成了比较成熟的丘陵农耕社会形态,村民将村庄周围能作为耕地的农田全部开垦出来,用以种植水稻、玉米等粮食作物,同时辅以狩猎。地处武陵山核心区的麻柳溪村同其周边区县一样,农业是主要的产业。新时代以来,麻柳溪人在脱贫致富的路上不断摸索,最终找到以发展茶叶和乡村旅游的致富路。

茶叶 麻柳溪的产业发展,经过了曲折的探索过程。在产业结构调整的大潮中,曾尝试过发展烤烟、种植药材和魔芋、饲养生猪等,但这些零打碎敲的产业,无一不以失败而告终。最终,麻柳溪人通过多方考察,选定了适宜本地气候、土壤条件的茶叶,并经过几年的努力,建成了 900 亩密植免耕茶园,成为黄金洞乡的茶叶主产区之一。

麻柳溪与茶叶生产的历史其实可以追溯到中华人民共和国成立之初。1954 年 3 月,咸丰县特产局曾在黄金洞区兴隆坳乡麻柳溪组织起全县第一个茶叶生产合作社,用机械生产宜红茶外销。此后经过多年的发展,到 1985 年,全县有宜红茶加工点 23 个,配备揉茶机 231 台,烘干机 5 台,解块机 2 台,风选机 1 台,年加工茶叶 278 吨。

如今,麻柳溪村是农业农村部命名的全国首个有机茶叶示范基地、全国休闲农业与乡村旅游示范点、全国生态文化村、中国少数民族特色村寨、国家森林乡村、湖北省卫生村、湖北省少数民族团结示范村。全村茶叶面积 1650 亩,人均占有茶叶面积 1.2 亩,茶叶人均纯收入 5000 元以上。

麻柳溪村的茶叶产业主要是通过构建茶农与茶叶加工企业的利益联结机制,成立以茶叶加工企业为主体,广大茶农参与的茶叶专业合作社、茶叶加工企业和作坊式茶叶加工厂等的多元合作生产机制,实现企业、茶农的双赢,促进区域经济发展。以新龙茶业有限责任公司为主体的新龙茶业专业合作社,使广大茶农成为新龙茶业专业合作社的社员,形成茶农与企业利益共享、风险共担发展模式,不断发展壮大。目前,新龙茶业有限责任公司已拥有红茶精制、珠茶粗制、毛茶粗制及名优茶四条生产线,年加工能力2.5万担(一担50千克),年销售收入1500万元,创税71万元,实现利润81万元,为合作社茶农增收1000万元以上,安置农村富余劳动力300余人。

香茗茶叶加工厂是地处麻柳溪村的民营企业,占地面积3000平方米,茶叶生产加工能力达年加工干茶250吨。现有茶叶加工企业4家。

旅游业是麻柳溪的另一个重要支柱产业。2009年,黄金洞乡通过招商引资,注册成立了湖北唐崖河风景名胜旅游发展有限公司,总投资1.2亿元开发黄金洞景区,麻柳溪古村寨是其重要景点之一。黄金洞景区于2011年10月顺利通过文化和旅游部4A级景区验收,麻柳溪凭借独特的自然和人文资源,跻身国家4A级旅游景区黄金洞景区的核心景点行列。

麻柳溪村的自然和人文资源丰富,有神奇的亮孔寨、四方梁、观音山等自然景观。其人文资源主要通过土家族、羌族等独特的民族文化元素,如吊脚楼、雕楼、凉桥、水车、农业文化体验园等来彰显。麻柳溪生态环境良好,旅游资

麻柳溪村旅游接待广场

源丰富，民族文化底蕴深厚。目前，景区已将乡村旅游与传统村落保护、少数民族特色村寨建设等项目相结合，把民居、民俗和特色产业等规划打造成为旅游景观带和旅游观光体验带，现已建设成为乡村休闲旅游示范村。这使长年沉寂的古村落成了旅游的新去处，传唱数辈人的山民歌、民间舞蹈变成了民族旅游的文化元素，依山傍水的农家院落、吊脚楼成了农家乐和观光资源，昔日卖不出去的农副产品成了抢手货，带动麻柳溪村民在家门口吃上了旅游饭，走上了致富路。

高乐山镇官坝村
——式瞻清懿　庸行千古

官坝村隶属于咸丰县高乐山镇，距高乐山镇人民政府驻地24千米，位于咸丰县与宣恩县交界地带的忠建河流域，地处咸丰东大门，与宣恩晓关侗族乡接壤。陆、滕、钟几大家族自湖南麻阳迁徙，辗转落户官坝，形成苗族、土家族、汉族、侗族、彝族5个民族交错杂居的格局，至今已有300余年。官坝村左有女儿寨，右有尖坡、白岩角相衬，前有笔架山，后有轿顶山，忠建河宛如一条玉带从村前绕过。陆、滕大院历经洗礼巍然屹立，井院式吊脚楼尽显昔日繁华，曾经官府所赐"式瞻清懿""庸行千古"匾额至今悬挂村中，伏波庙遗址、风雨凉桥、令旗山、雷打井、牛栏界等人文和自然景观如星罗棋布。官坝村被誉为荆楚第一苗寨，2019年6月，官坝村被列入第五批中国传统村落名录。

忠建河畔的官坝苗寨（咸丰县住建局供图）

一、迁客祖训

官坝村自古就有一条咸丰通往宣恩、恩施的古官道。现在国道甘钦线穿村而过，是咸丰通往恩施、武汉的交通要道。官坝村地处盆地，村址坐落在忠建河南岸偏东的龙王园台地上，杨官大道贯穿全境，龙潭溪水呈"几"字形流经两个主要院落。忠建河绵延流淌，犹如玉带缠腰，形成了一个背有祖山，前有朝山，中间有腰带水，左右有大小连绵的几层山峰、左辅右弼的闭合环境。村落沿河而建，隔河相望，呈带状分布，四周群山环绕，层峦叠嶂的山峰，千姿百态，一下雨就云雾缭绕，宛如仙山。山上山石耸立，各山各样，姿态各异。左右诸峰，如神马奔腾、青龙横空、雄虎长啸、鱼跃龙门，牛头、鸡冠、哮天犬等胜景皆秀异可观。山下房屋聚居而建，四合大院，木房灰瓦，错落有致。

山间坪坝里的官坝村（张燕丽 摄）

官坝，顾名思义是做官的地方，这一地名来源于村中陆氏先祖。高乐山镇龙坪陆氏，原籍湘西麻阳，参加过湘西苗民大起义。据陆氏族谱记载："因违皇规早朝未到，视为谋反论罪，降旨斩陆，象山闻讯潜逃，必渡乌牙河关隘。马伏波（东汉名将马援曾被任命为伏波将军，马伏波即马援）带领5000士兵镇守，幸得马伏波同情，暗地放行，象山幸免于难。"意思是，陆姓祖先（陆子静，号象山），曾在朝为官，后因失职，按律应满门抄斩。于是，陆姓先祖带着家人及随从先逃至湖南麻阳龙神坳，后又逃至湖北施南府咸丰县芦茅坪定居，于此开荒种田。为鼓励后人不忘先祖曾在朝为官，陆氏后人将此地取名为官坝。

官坝村原有凉桥和庙宇。凉桥位于现今官坝二桥附近，在交通闭塞的年代，它是进出官坝的必由之路。凉桥整体全木质结构，四角欲翘，长10余米，宽6余米，高6余米。桥结构坚固，木板厚实，能载牛负重通行，也是人们休闲的好去处。远近来客路过桥上都会在桥上歇一歇脚，或乘乘凉，或打个盹，或闲聊。桥下潺潺流水，桥上微风不燥，人群拢聚，欢声笑语，其乐融融。2004年修路时，老凉桥被拆毁，但外迁回村的老人每逢有人前来考察或旅游都会和前来旅游的人说："官坝这里以前有座老凉桥……"，物已不存，却留心中。庙宇损毁的时间更早，据当地老人说，他们能记事时，那个地方有一条深沟，搭上木桥才能行走。但后来庙宇被毁，木桥也不存在。现在这条深河也没有了。

以前的官坝村，村民主要是靠山吃山靠水吃水，日出而作、日落而息，过着自给自足的生活。种植水稻、玉米、马铃薯、红薯、黄豆、高粱、小麦等粮食作物维持四季所需。此外，还种植烤烟、茶叶、油菜等经济作物进行售卖和物资交换。村民们虽一年忙到头，但仍处于吃不饱、穿不暖的状态。常言道，做到八月，吃到腊月。到了冬天，漫山遍野都是挖蕨果腹的人。封闭的环境、贫乏的物质，导致当地人难以顾及子女教育。改革开放后，官坝汇入发展的洪流中。人们意识到文化的重要、知识的力量，纷纷鼓励子女入学读书，此前的情况渐渐扭转。如今的官坝村修通了连接县城的公路，从这里走出去更多学子，村里开设农家书屋，营造了良好的读书向上氛围。

二、避乱落籍

官坝村古属巴子国，元代处于散毛土司领地，东边是施南土司，北边是金峒土司，西边是龙潭土司和唐崖土司。土司之下的山民们，在这里以渔猎和游耕为生。明洪武二十三年（1390年），蓝玉率领明朝军队征讨施南土司、散毛土司，占据散毛土司北部辖地，建立"大田军民千户所"。"龙坪屯"成为大田所的屯垦区之一，龙坪包括官坝在内的忠建河边的大片平地开始被开垦成为农田。龙坪屯也叫龙坪堡，是驻扎卫所部队、监视威慑土司的重要军事据点之一。明朝后期，大田所驻兵屯垦的龙坪堡被施南土司霸占。康熙初年，龙坪堡包括整个大田所几乎完全荒废。今天龙坪对面的"土城堡"，传说曾是土司王的城堡（土司王被杀以后改建大庙，民国时改大庙成为学堂，今天只剩茶园和坟地），应该就是当年驻扎屯军的龙坪堡。清康熙二十年（1681年）以后，清朝廷废除卫所世袭制、军屯制，重派流官性质的守备、守御担任卫所官员，全力推行招垦政策。

官坝村的陆、滕、钟几大家族自湖南麻阳迁徙而来。湖南麻阳，自唐代以来一直是朝廷管控和开辟武陵山区的重要军事前哨。麻阳苗族与九溪十八峒各族群一样，面临着巨大的压力。清朝初年西南地区的"给地招垦"政策，对苦于无地的农民有着极大的诱惑力。麻阳苗族农民在施州卫、大田所的招垦中，以及以后改土归流的招垦中，纷纷涌入。凭借朝廷的帮助，陆、滕、钟等姓氏的苗族移民在龙坪定居并取得土地所有权，并在其后组成官坝苗寨。据当地人说，以前人们都住在"合家坪"，后来分开，才陆续建起陆家院子、朱家院子、滕家院子、夏家院子等，这里的"合家坪"即是土司时期的溪峒组织、卫所时期的屯堡组织。

又据当地传说，张、唐、陆、钟、田五姓人一起，为躲避战乱从湖南麻阳逃出，最先在一个叫蚂蚁洞的地方（忠建河下游约25千米，今属宣恩晓关侗族乡）落脚，后来才分成八股分散到蚂蚁洞周边地区。晓关街上的禹王宫由这八股人参与修建。逃出的陆氏兄弟三人约定各走一方，将随身携带的冰盘一破为三，各执一块以便后世相认。老大前往来凤李家河，老二去了利川，老三陆至贵来到官坝。陆氏先祖陆至贵在蚂蚁洞落脚后，娶谭家祖婆金氏为妻。金氏是当地大族谭家的寡妇，带着谭家幼子嫁给陆至贵以后，连同谭家幼子在内，金氏共生六子。因长子本姓谭，便留在谭家，其他五子分别到了龙坪，在龙坪繁衍生息，慢慢形成了众多村落，官坝就是其中一个。金氏去世后葬在蚂蚁洞，陆家每年清明节都会前往蚂蚁洞挂青（缅怀祖先活动），一直延续到300余年后的今天。

滕氏是最早迁到龙坪官坝的家族。据官坝的《滕氏宗支·族谱》记载："始祖滕仲四生于大宋理宗二十四年，妻梁氏原籍北京真定府赵州乌鸦溪黄栗岭人氏，元朝末蒙古人扰乱逃乱至辰州湖南麻邑齐天坪村……岁在癸巳，复迁于湖北施南府咸丰县太和里，小地名龙坪官坝落户。乃我龙坪之祖也。"现存官坝的《滕氏族谱》记载他们先祖在清康熙年间迁入官坝村。滕仲四的后代滕善元居住于麻阳高村，复移居沅州芷江县，小地名水猪楼冲。其后与运亨、运兴二子迁移至四川焕香寺白泥田居住，运亨入赘向门。康熙四十六年（1707年），迁徙到咸丰县太和里，也即龙坪官坝定居。

迁徙的历史深深印刻在陆、滕家族等人的记忆中，也氤氲在官坝人的情感里。尽管从湖南麻阳迁徙至今已有300余年，但官坝人始终不曾忘记自己的根，他们将寻根问祖、修订族谱当作一件神圣的事。彼时会从家族中推选德高望重的长者为组织者，召集所有族人参与，分摊修谱所需费用。老版陆氏族谱修于道光二十一年（1842年）辛丑岁，共十二卷，旧时被火烧毁八卷，现存四卷。据陆承志老人回忆，19世纪初，从湖南麻阳来过一位陆姓族人，在查看了他们的族谱后，确认了他们与湖南陆氏是同一血脉，并将族谱进行了一次修订。六十多年后，官坝陆氏组织了十几人去湖南麻阳考察并进一步续修谱书，通过几次修谱，他们与湖南麻阳陆氏建立了紧密的兄弟情谊。从麻阳迁徙过来的滕氏也有着同样的心愿，滕氏族谱经历了三次修订，分别是咸丰十年（1860年）、1989年及1998年。对家谱的修订则进一步表达了官坝人不忘先祖、期盼未来的精神，纵使代远宗长，同宗同族的血亲无论如何也割不断。

当地苗族从麻阳迁徙而来，麻阳地处荆楚文化与湖湘文化的交汇之地，生活其中的苗族，吸收当地方言成分，结合苗语部分语音与词汇，形成在发声、语调诸方面不同于汉语方言和苗语的麻阳话。官坝人将这种语言称之为"苗话"，20世纪50年代，"苗话"在当地人日常生活中仍经常被使用，现今80岁以上的老人还会讲他们所谓的"苗话"。

如今的官坝是一个以苗族、土家族为主的多民族共居地。全村少数民族占大多数，其中，土家族占38.92%、苗族占24.17%、侗族占6.56%。村域面积15平方千米，山林31400亩，耕地2600亩，下辖11个小组，分别为陆家大院幺房和三房、小干溪、杨梅山、夏家院子、草坪、围栏沟、驴子坝、园子沟、龙潭溪和大坳，共有630户1992人。苗族聚居的水脉苗寨主要由陆家院子和滕家院子组成，陆、滕、夏等几大家族居住其间。

三、苗家大院

　　青山掩映忠建河流，传统的古朴老宅在历史长河中巍然伫立。官坝民居以木质建筑为主，根据生活习性和生产特性选址，靠近土地和水源，环境适宜居住耕种，有利防御。官坝的建筑特色集中体现在几个大院中，现存较为完整的是陆家大院和滕家院子，这些院子为鄂西南独特的四合天井三面回廊吊脚楼建筑。其他大多单户修建但相互毗连，多配以吊脚楼、房屋神龛、窗花、雕饰等，工艺精湛。官坝村古老的苗家宅院众多，被誉为荆楚苗家第一大院。

　　官坝的吊脚楼大多建在以龙王园为中心的台地上，属于忠建河南岸的沉积地带，地势平坦。村民们认为，宅基地的选择一般要考虑到以下几个方面的条件：一是能够就地取材；二是人畜饮水要比较方便；三是专业人士看过且认为地段好的地方。

　　官坝苗寨住房正屋一般是三开间木质结构的瓦房，也有极少数吊脚楼在外形结构上呈现出多样性特点，主要有以下几种类型。一是单吊式，又称为一头吊或拐头吊，这是比较多的一种。它的特点是在正屋的一头厢房悬空吊脚，下面用木柱支撑。二是双吊式，它是单吊式的延伸和发展，有人称其为"双头吊"或"撮箕口"，它是在正屋的两头都有悬空的吊脚厢房。三是多层吊，即在一般的吊脚楼上再加一层甚至几层，单吊式和双吊式的吊脚楼都可建成多层吊脚楼。四是平地起吊式，即整个正屋和厢房都依靠房下的木柱支撑而悬在空中。平地起吊式是官坝苗寨建筑的独特现象。五是井院式吊脚楼，这是官坝苗寨建筑的最大亮点。官坝苗寨一般正屋与厢房之间用磨角相连，面对正房的是一排吊脚楼，然后根据房屋朝向要求，在厢房的神龛与前排横房之间修建朝门，形成井院式吊脚楼，在正屋、厢房与横房中间形成宽敞的院坝。

　　据了解，官坝最古老的井院式吊脚楼是陆家四房堂（"四房堂"是指陆民当年定居官坝后，族内的四个房头最早修造的建筑的总称），房屋一正四厢两井院，左右两厢分别悬空而建，如今"四房堂"的大部分结构虽已不复存在，但通过其整体布局仍然可以感受到之前的宏大气势。

精美窗花（张燕丽 摄）

此外，苗家的屋正中设神龛，侧房架鼎煮饭。火坑朝柴尾一方外人不能随便坐，它是苗族家神所在地。此地平时多堆放着柴物，以提醒外人。火坑中放铸铁三脚架，人坐炉旁取暖，不能用脚踩。

陆家大院（咸丰县住建局供图）

陆家大院 陆家大院位于杨官大道和靠近村委会的小路里侧,沿着道路前行,两侧房屋错落相连,院内巷道纵横,石阶迭错,果树掩映。大院至今已居住过三代人,历经风霜仍挺拔伫立。大院选址在一个相对平坦的地面,整体呈三合水样式,左右两侧为两座厢房,左侧的牲畜棚因地势修建为斜坡吊脚楼。院子最初是简单的"一"字形样式,随着家里子女的长大成人,居住空间不足以满足子女成婚、建立新家庭的需求后,于是在主屋两侧新建住所,逐渐形成一个四合院式天井。在官坝人的传统观念中,即使子女长大,父母仍对子女有一定义务,而子女也应该遵循风俗习惯,在双亲面前尽孝,故他们在修建房屋时距离尽量靠近,给双方留有空间的同时,又不至于感情疏远。

陆家大院整体为木质结构,采用杉树为主要材料,柱子则用松木和枫树等材料,板壁以松木为主,兼用少许杂木。当地人认为柱料应该选择生长茂盛的、挺直的、匀称的、无虫蛀的,尤其是梁木,如若在同一树蔸上有很多小芽发出则最佳,寓以"子孙兴旺"之意。每块柱头下垫着一块以青石凿成的磉磴。磉磴高三四十厘米,呈鼓形,雕刻精细,花纹多样,图案美丽。借磉磴与立柱的抬升,使房屋整体与地面隔断,悬空而立,呈现出干栏建筑的基本特色。

大院分为两层,一楼居住生活,二楼作为阁楼堆放生产生活用具。正屋为三开间,进门就是堂屋。官坝的堂屋都不设门,敞开迎客。正中设有神龛,是祭祀祖先、置办红白喜事的场所。门前两边用绳子悬挂着两根长木条或竹竿,用以架玉米。阶沿铺垫着大块的硬石,据说,当时这块石头是一整块,但因搬运不便,

垫柱的磉磴(张燕丽 摄)

才不得已敲碎成一块块的。这些石头质地坚硬,厚约0.3米,呈青灰色,与老屋相得益彰,更显古朴厚重。正屋两侧有两进厢房,用磨角相连,第一进厢房

比正屋低少许，第二进厢房也是如此，显示出正屋的特殊地位。厢房之间留有一定距离，可供两人并行通过。正屋、厢房之间形成宽敞的院坝，是丰收之时、晴朗之际晾晒农作物的好地方，也是儿童嬉戏玩耍的乐园。

陆家大院不仅以其特色建筑让人铭记，更因贺龙将军的三次来访而闻名。贺龙将军在土地革命期间前后三次在陆家大院驻扎，并留下了许多故事。

贺龙带队伍第一次来官坝，正当金秋时节，家家户户在场坝晒谷。村民听说官兵来了，匆忙逃走躲在山上不敢回家。贺龙到官坝后告诫士兵"不能糟蹋老百姓的谷子"。后来在一位老爹爹的指引下，官兵帮忙把各家各户的谷子收进了屋里。贺龙带领官兵第二次进官坝时，在村民陆松柏家堂屋住宿一晚，在魏纪堡宰猪做饭。贺龙当时看见年少的陆松柏说："你莫跑，莫跑，我们是红军。小孩子吃饱饭后跟我去当兵，去参加红军。"小孩子天真地回答："我有爹要养老。"后来，陆松柏回忆，很后悔当时没有跟贺龙走。在这一次，贺龙带队伍走之前，还把剩下来的猪肉分给各家各户。贺龙第三次到官坝，村民们不再躲避逃跑，一位老太太看见一村民和一长官下棋，站在他们背后说："不能让贺龙的人下输了，他们是打胜仗的。"长官听后哈哈大笑。村民这才发现他就是贺龙。

据当地百姓回忆，贺龙将军在官坝苗寨时，他们"不扰民，不进门，不住老百姓的屋里，只率领他的部下住在屋檐的台阶上"。并且贺龙警惕性很高，哪怕是老百姓深夜点上一支旱烟的划火柴声，贺龙都会敏锐地警觉到。若是有敌人或者是当地的土匪潜入，就更不用说了。

滕家院子 滕家院子在陆家大院里侧。滕家院子修建在一块完整的平地上，除了正屋外，左侧带有两进厢房。房屋整体与陆家大院相似，呈一个三开间，堂屋正中是神龛，左右两边窗户有雕花。堂屋大门上悬挂着一块同治年间的匾额，关于这块匾额还流传着这样一个故事：传说滕家一位男子叫滕代昌，生了怪病，常年卧床不起。到了适婚年龄，家人希望办喜事冲冲喜，借此恢复健康，于是迎娶了当地17岁的陆年甫。然而事与愿违，陆年甫过门三天，滕代昌就去世了。陆年甫成了年轻寡妇，无儿无女。但她生性坚强，恪守礼教。丈夫去世后，她整日待在家里，帮忙处理家务，家人让她出门她也拒绝。就这样，陆年甫一直守寡到80多岁，被官府赐以贞节牌匾"式瞻清懿"。牌匾左、右两侧都有题字，左侧由于年代久远，一些字已模糊看不清晰，右侧题有"节孝滕代昌之妻陆氏年甫十七守志立嗣子，久顺以承宗祧因族邻绅耆公请而题斯额，同治十一年岁在壬申季冬月榖旦立"。匾额现保存完好，表面略有斑驳。

滕家院子门前的坝子散置着很多石器，有水缸、猪槽、石盆等，尤以水缸刻画精美，制作于1977年12月，正上方悬挂着一枚五角星，正中是两只喜鹊登上梅花枝头的美景，寓双喜临门之意。

此外还有砖木房。砖木房是用火砖、水泥砖以及杉木等为主要材料修建的。这种房屋在官坝苗寨主要有三种形式。第一种是在木质结构正屋的一侧或两侧建砖房以替代传统吊脚楼厢房的房屋形式，其正屋左右两侧的厢房均为砖砌平房，但左侧平房为两层。第一层处在正屋坎下，为喂养牲畜、堆放柴草所用；第二层供人居住，这实际上是传统吊脚楼的变体，只不过以现代材质的方式表现出来。第二种砖木房第一层用砖块砌成，而第二层则全部采用木质材料构建，有的还在第二层修建吊脚走廊，如夏家院子的房屋即是如此。第三种砖木房的主要框架用砖石砌成，但在房屋的"吞口"、拖檐、二楼地板以及走廊等处全用木质材料修建，如官坝村委会的办公楼就是以火砖作为主要框架，但二楼房间隔断、地板、吊脚走廊等处均用木质板材，体现了传统木质房屋与现代砖瓦房的较好结合。

除了吊脚楼外，在时代变迁中，官坝也出现了新旧结合的建筑形式。石屋，也即官坝小学，于20世纪70年代修建，主体由石块堆砌而成，当地人形象地称之为"石头房子"。当时官坝共有14个生产队，每个生产队都有较多学前儿童，为解决孩子们的教育问题，各大队决定共同修建学校。根据需求总量将石头、木料等物资分配给各个生产队，每个生产队有孩子的人都要去干活，当时干活不算工钱而是记工分，干一天给10个工分。在集体的共同努力下，学校在一年后完工，并命名为官坝小学。

砖木混合结构房（张燕丽 摄）

官坝小学石屋（张燕丽 摄）

学校分为上下两层，包括小学和村委会，一楼是教室，二楼是老师办公室和大队部，共12个房间，供当地一至五年级的学生就读。学校在存续的时间里接收了大量的学生，还有宣恩县的学生来此上学。1987年，龙坪修建了中心小学，五年级学生转移到龙坪上学，官坝小学学生渐少，此后陆续有学生到中心小学就读，20世纪80年代末官坝小学停止招生。官坝小学的石屋现保存完好，经历几十年的风雨丝毫未现衰败，四周存放着木料、薪柴，在果树掩映下诉说着那一段记忆。

四、美德遗存

官坝历来崇尚德育，传承着尊老爱幼、孝悌仁爱的传统美德。村里有三块有名的牌匾。第一块为"式瞻清懿"牌匾，如前所述，是清同治十一年（1873年）官府为表彰滕代昌之妻陆氏忠贞守节而赐。

第二块为"庸行千古"牌匾，是官府为纪念陆必瑞的孝行而赐予。陆家孝子的感人事迹据清同治四年（1865年）版《咸丰县志》载："陆必瑞，邑之龙坪人也，滨溪而居。咸丰九年五月初三，暴雨倾盆，溪涨骤溢，淹及其庐。瑞负母置高处，旋就水次，捞取器物，失足被水冲去。适有泛木漂过，跨抱木枝，出没洪波中。山涧居民，悉无舟楫，仓卒（仓促）莫由救援。但闻其号呼岸人曰：我，龙坪之陆必瑞也，命在顷刻，无望生还。家有老母，怜我者，祈寄声我兄：若弟，善事母如我在也，售我分业，甘旨可供也。切切垂怜，为我寄声。一路呼号不绝。只此数言，岸人闻之，莫不叹悯，谓其造次颠沛，不违乎仁，真孝子也。顺流百余里，至宣恩县属某处，水稍平衍，木渐近岸，渔人拯出，得不死。必瑞同胞兄弟，各私其妻子，不顾母养，后临溺号呼云尔，此又一孝子也。"这件事后来传到皇帝耳中，皇帝感动于他的孝心，派湖北巡抚送匾一块，上面题"庸行千古"四个大字，并封陆必瑞为孝廉。

第三块为道光年间施南府授予陆家寿妇陆李氏的寿匾。匾额题"淑德长年"四个大字，匾的左侧题"特授湖北施南府咸丰县正堂加五级记录十次钱，为八十寿妇陆李氏题",匾额右侧落款"道光二十年岁在庚子陬月望日立"。匾额显示了当地尊老爱幼的美德,也激励官坝人传习传统,培育风范,树立良好品格。

道光年间"淑德长年"牌匾(张燕丽 摄)

陆家大院中,还留有一个狮烛台,烛台高约20厘米,有一个底座,底座上蹲坐着一只憨态可掬的狮子,狮子下半身绘以青草绿,额头带粉,半张的口中微微露出舌头,狮身后是烛孔。烛台的具体年代已不可考,据烛台的保管者陆先生说:"这个烛台是摆放在神龛上的,过年过节祭拜祖先时就将蜡烛点上,现在因少有祭拜,为避免遗失,便将之收着了。"烛台整体样式不同于当下,应该已使用很久。

官坝曾经建有多座庙宇,但除了一些有名气的,其他很多已不知其名。当地人有印象的有马脑壳庙、庙平、伏波庙和禹王庙等。其中以伏波庙和禹王庙最为有名。

伏波庙 伏波庙是陆家人为纪念马伏波(马援)将军的恩德而修建。相传很久以前,陆氏祖宗陆子静,也称陆象山,被征到边关打仗。他很有计谋,屡打胜仗,战功卓著,被朝廷赐封为太尉。陆象山虽然已身为朝廷高官,但仍珍爱住在金溪县的结发妻子和母亲。因身处京城,路途遥远难以回乡而苦闷,后幸得"腾云草鞋""缩地鞭",每日可腾云驾雾回家与家人团聚。后因母亲不慎将两件宝物放置灰桶（尿桶）旁边，宝物失效，致使陆房六错过早朝而被怀疑有反叛之心，遭到朝廷追剿，后得马伏波的援助而逃过一劫，陆姓人得以保全延续。陆氏后代谨记马伏波的恩德，特为他修庙祭拜。

伏波庙面积约有200平方米，在当时香火旺盛，很受当地人尊敬。除了官坝村民，周围的龙坪、新屋场等人都会到庙中祭拜"马伏波"。伏波庙中供奉着"伏波菩萨"，身高半人多高，为木雕，脸上刷金粉，身着橘红色长袍，手握宝刀，为木刻。"伏波菩萨"左右两边还各有一个"护法"。庙里曾经有大鼓钟磬，门口还有站将，神兵也在这里训练过。每年正月的庙会很是热闹，平时开会也在这儿，那时各家都带上好吃的供奉伏波菩萨。庙里的柱子上镌刻着"东汉英雄第一人"。每到月半（七月十二至十五）、大年三十夜，全村人都会带着猪头肉、酒前去祭拜。20世纪50年代，寺庙被毁坏。2000年左右，伏波庙被拆除。

禹王庙　位于龙坪街上，修建于清道光年间，由李启成、黄德新等人募款修建。庙整体是二进的建筑，庙宇宏伟高大，据当地人说面积有1000平方米。庙内有多尊菩萨，皆由木料制作，其中进门的一尊菩萨最大，高度与一层楼高度不相上下，宽度两个成年男子都抱不住。官坝的戏台一般紧邻庙宇，只有较大的庙宇才会修建戏台。禹王庙旁就有一戏台，正对着禹王庙，几步路的距离，面积约有七八百平方米。戏台唱戏一般在月半、过年时，一些特殊时节也会唱戏。禹王庙在20世纪50年代被毁，庙里的菩萨全都是木头制作，后被烧毁。

盐茶古道　官坝村有一条通向外面的商道，从咸丰县城至马河、龙坪两个古镇，经官坝苗寨，再溯龙潭溪而上，翻山涉水下到常德运棉花，上到万县云阳（今万州）挑盐。翻山涉水的盐茶古道是早年川黔一带物资交换和商品贸易的重要通道之一。人们出行多在农闲时，挑选当地的青壮年，一去一两个月，一行一两百人，挑棉花去换盐。村里遗存较好的古道长数百米，由石板铺就，掩映在杂草之间，依稀可见。

官坝村的盐茶古道遗迹（咸丰住建局供图）

五、民俗荟萃

官坝村人民勤劳乐观，在艰苦的生活环境中创造出各类民俗活动，形成了丰富多彩的民俗文化。

草把龙舞祈丰年 民间歌舞中，草把龙影响深远。官坝村历来有玩草把龙的习俗，官坝是草把龙的起源地，后来才逐渐流传至咸丰各乡镇，甚至流传到重庆黔江及周边的湖北恩施、利川、宣恩、来凤和湖南龙山等地。清乾隆时期，草把龙活动盛行，当时在整个武陵山区，咸丰草把龙都大有名气。草把龙现为湖北省省级非物质文化遗产代表性项目，属咸丰传统舞蹈中的一种。在咸丰官坝、马河一带，草把龙流传已有数百年之久。

草把龙是一种在青苗时节进行的为祈求减少虫灾、庄稼丰收的活动。草把龙一般用稻草编织而成，扎成九节像龙状的腰身，加上龙头、龙尾，由9人舞动，前面还有1个耍宝的人，共有10人，玩法与玩龙灯相同，配以锣鼓、灯笼、火把，在田埂地边或院坝玩舞。一般先在庙上玩一路，再去田坎玩，玩遍村里的大部分地方，以表达获得丰收的美好心愿。玩草把龙的技术简单易学，村里年轻人看一两遍即可学会。每年玩草把龙时热闹非常，村民纷纷走出家门观看，一面喝彩一边怀揣祝愿，是官坝村的一项传统活动。

草把龙（张燕丽 摄）

山歌传情 官坝村民间歌谣众多，劳动歌、礼俗歌、情歌、儿歌、时政歌广为流传。民间歌谣以山歌流传最广，唱山歌是官坝人耳熟能详、最经常进行的活动。唱山歌一般是在田间地头做农活用以振奋精神而进行的活动。官坝人以农耕为主，农忙时节，村里人人出动到地里劳作。一个人唱完，旁边的人接替，歌声接连不断，很是热闹。山歌唱词纯朴生动，如："唱歌莫唱扯谎歌，风吹岩（方言，念 ai）头滚上坡。去又看见牛生蛋，转来又见马长角。半岩山上鱼扳池，万山老林捡贝壳。"山歌多反映当地人生活，运用对偶排比手法，朗朗上口。

官坝村老人离世要唱"孝歌"，修房立屋要"说福事"，相沿成习。村里有人去世时，也唱夜歌，又称孝歌。孝歌流传历史悠久，至今盛行，属丧礼的一部分，主要是对逝者的祭奠、哀挽。官坝村的土家族、苗族人把老人去世当作白喜事，认为是一种解脱，因此在寄托哀思的同时，也祝愿老人早日超生。孝歌在灵堂边进行，唱孝歌前，在灵柩前摆上三张方桌，桌上摆上酒肉菜肴，歌师边饮边打鼓边唱，几个或者十几个人团团坐，一个人唱了后面的人接上。唱词内容主要有生死规律、歌功颂德、劝导勉励、天文地理、历史人物、传奇故事等，多为即兴演唱。

三棒鼓 在民间曲艺上，打三棒鼓最受人们欢迎。三棒鼓是官坝的一项传统曲艺活动，也称为打花鼓。三棒鼓与玩花灯一样是在过年时进行。三棒鼓表演共有三个人，一个人打鼓，一个人唱歌，一个人抛甩刀子，刀有三把，让其脱离手掌转动起来。关于抛甩刀子还有一些有趣的玩法：把红包放到房梁上只露出一点，甩刀子的人如果能用刀子把红包打下来，那么红包便是他的；另外一种是用线把红包扎紧，将之挂到房梁上，如果甩刀子的人能用刀把线割断让红包掉落下来，那红包就是他的。三棒鼓边打边唱，一般四句，如："锣鼓紧紧塞哟，闲言两丢开哟，听我唱一首祝英台，山伯访友来哟。"两人交替唱颂时，只有先唱的人唱得好，接话词说得打动另一人，对方才会接替，否则还需自己唱颂。两人相互调侃、说些俏皮话，热热闹闹贺新年。另外，在过年时还有一种猜字习俗：过年去亲戚家拜年时，亲戚家准备很多白纸，上面写上谜语，让前来拜年的人猜，只有猜对方能进门。

岁时节庆 官坝人热情直率、豁达爽朗，节日庆祝是他们对美好生活的热爱与追求的具体表达。经历麻阳的迁徙与周围土家族、汉族杂居后，官坝村的节日呈现各民族交融的特点。一部分是沿袭各民族的传统节日，如每年一度的春节、元宵节、清明节、端午节等；另一部分融合了周边区域的传统节日，如二月二、牛王节等。除此之外，在漫长的历史发展中，也形成了特定内涵的节日，社节就是其中之一。社节是苗族人每年必过的节日，也是苗族最具特色的节日之一。俗话说"三戊惊蛰，五戊社"，这一习俗来源于社日祭祀。农历立春后第五个戊日为春社，一般在春分前后、农历二月中下旬。社节主要有"吃社饭"和"拦社"两大内容。

境内苗家过社与土家、侗族等民族一样，节日里将艾蒿、腊肠、腊肉、腊豆腐、大米、糯米、青菜、野葱等拌在一起，用蒸笼蒸熟，这样的食物叫"社饭"。

春节玩龙灯在官坝也非常普遍。玩龙灯是喜迎新年的一项活动，在正月初九至十五期间进行，每夜都会玩，到十五晚上时就烧龙灯。龙灯主要由竹子劈成的篾片编织而成，与草把龙的结构一样，共九节，一节约两尺长两尺宽，头尾三尺长三尺宽。龙灯里置有一个架子，用来放蜡烛，一节龙灯里放三支蜡烛。玩龙灯时还要烧花，这个花类似烟花，主要由火药、雄黄、牛黄、木炭制作而成。烧花时主要对着龙头烧，接连四五筒，声音洪亮、响彻云霄。烧花是门技术活，需要时刻防范被花烧到，所以玩龙灯时大家都穿不常穿的衣服或者旧衣服，此也蕴含祛灾害、霉运的意头。

民间文学　各种民间传说、民间故事为官坝村增添了神秘的韵味，老人都能滔滔不绝地讲出，民族风情与地方特色浓郁。除了前面提到的腾云草鞋缩地鞭、孝廉匾、贞节牌坊等故事外，还有英雄祝豹的故事。这个故事发生于200多年前，当时龙坪的土王姓蒋，住在蒋家湾。土王凭借先入为主的优势以及朝廷的政策，充当起龙坪的"地头蛇"，占山为王，任意欺压百姓。每当逢年过节的时候，百姓要把家里好吃的东西送给他，送少了或是送的东西不够好，都会遭到他的臭骂甚至是毒打。他还用繁重的苛捐杂税盘剥百姓。当地百姓早已对他不满，产生了杀他的念头。土王凭借强大的权力，拥有很多兵丁，这些兵丁也是他的家丁、保镖。祝豹是土王的其中一个保镖，他身材高大，满脸络腮胡，皮肤黝黑，疾恶如仇，了解百姓疾苦，常常偷偷接济穷人。祝豹对土王的行径早就痛恨不已，他联络穷人准备在腊月三十上午，里应外合，以菜刀为号令起义。他们约定在架间沟杀死土王。可土王警觉性较高，防备森严，未能成功。当天下午，土王去宣恩平地坝撒石坡拜祖，路途中悄悄尾随其后的穷人在菜刀的号令下围堵土王，土王仓皇逃命。早已准备好的祝豹拿起一包沙石出其不意地顺手撒进土王的眼睛里，土王眼睛看不见，一下子被蜂拥而上的穷人给杀死了。同一天，龙坪近处的耿家坪的老百姓也起义杀死了另一土王。百姓从此不再受压迫剥削，过上了安逸的生活。

此外，还有一则关于新姑娘结婚坐轿的传说。传说以前要修洛阳桥，但是百姓贫穷缺乏资金，后当地姑娘机灵地筹措到资金，新桥修建完毕。按当地习俗，需要官老爷坐着轿子去踩桥验收。验收这天正是黄道吉日，官老爷正准备上轿，就听到敲锣打鼓的声音传来，迎面看到新郎包着背亲布背着新娘缓慢走来，新郎汗如雨下，气喘吁吁，新娘在新郎背上为他擦汗，他们也需要经过这座桥。官老爷感于这两人情深义重，不忍让二人如此辛苦，便说："今日我不踩了，今日新姑娘结婚，她是大喜之人，让她来踩，也让大伙沾沾喜气。"新姑娘接口说："新人踩新桥，千年古迹万年牢。"官老爷连声拍掌说："好——好——好——，说得好，新郎背你到婆家太累了，今日这轿子我不坐了，新姑娘你来坐，就坐着它去婆家吧。"此后，新姑娘坐轿便成为官坝村和其他许多地方婚俗中必不可少的内容。这个传说故事反映了清代改土归流后，流官改革当地苗族土家族传统婚姻习俗的历史事实。

官坝村风景秀丽，虽未出过文豪大儒，但到过此地的人都为这里的自然风光倾倒，留下许多赞诗。曾任施州卫指挥佥事的明朝将领童昶以"轿顶山"为题，赞颂官坝的自然风光："满眼葱茏轿顶山，山泉清冽水甘甜。繁华密草连云路，似逗游人上九寰。"官坝老凉桥让官坝人记忆深刻，曾任龙坪小学校长胡德政将之编进唱词，为大家传颂：

> 凉桥轶事多得很，亮丽风景胜繁星。
> 我是本地老百姓，略说一二大家听。
> 云绕穹盖亭为顶，跑檐拱斗挑星辰。
> 八柱错列擎天柱，坚硬木质当桥身。
> 群山巍巍作陪衬，苗寨大院为近邻。
> 南来北去路必经，条凳小憩慰行人。
> 神兵攻打袁祖铭，兵伐老寨留足印。
> 凛凛威风贺军长，率部曾经桥头行。
> 解放龙坪硝烟滚，飒爽英姿更精神。
> 近寨妪叟常作伴，顽童戏耍任尽情。

村姑甜笑让人醉，农夫酣睡梦作耕。

凉桥见证古今事，长虹卧波梦成真。

苗家婚俗 官坝苗寨苗家嫁姑娘和娶媳妇都实行隔夜亲，此俗至今尚存。苗家嫁女，隔夜出闺。婚期前一天，媒人随花轿鼓乐到女家迎亲，女家安置招待住宿。酒宴上，双方总管都要说一番吉祥礼仪性的客套话，以歌词颂扬相对。轿子放在院坝内，当天晚上发亲。新娘由兄或弟背出闺房，下雨天新娘在阶檐坐，晴天新娘在院坝坐，由苗家姑娘等陪伴至天亮上轿，这叫隔夜亲。发亲也很特别，按苗族俗规，时间是"寅卯发亲，辰巳不动"。此时发亲，取吉祥思忆之意。寅属虎，卯属兔，此时发亲，寓意"虎去青山在，青山有娘家；兔子满山跑，依然回旧窝"。因辰属龙，巳属蛇，"辰巳两条龙，无雨山也动"，龙走山崩不吉利，所以"辰巳不动"。上轿之前，因出闺大喜，新娘不能哭。上轿之后，表示已经出阁，是婆家的人了，这时为表示怀念娘亲之情可以哭诉。若苗家男子与其他民族女子结姻，娶亲同样是隔夜亲，一切习俗需按照对方的办理，只是娶亲的队伍不管路程远近，必须在佳期的头天到女方家去住宿，第二天娶亲到家。

伴夜陪嫁歌 苗家嫁女，因天未亮就已发亲，因担心姑娘深夜被冷落，必须有亲友和同寨年轻姑娘伴夜相陪。苗家办喜事，家中不准动哭声，以免惊动家先。怀念父母养育之恩和乡土故旧之情，只能用歌的形式倾吐，所以邀请人伴夜陪嫁。伴夜，是指由同寨未婚女郎、女眷亲属陪姑娘守夜，一起唱陪嫁歌。姑娘们借陪嫁寓情于歌，情歌对答。伴夜陪嫁歌的歌目很多，有《十想》《十劝》等，多是情歌乐调，欢畅满怀。到寅卯之时，歌声停止，姑娘上轿，迎亲宾客抬轿起程。姑娘出嫁后，请苗老师（家族中主事的人）安家先，并从宗表（家族名录）中撤出出嫁姑娘名单。

侧门迎亲。苗家娶媳妇不在堂屋拜天地祖宗，新娘不走大门走侧门。当花轿在屋旁边落轿时，由两个伴娘双双牵引下轿，带至侧门边，在侧门边有一位等候的牵亲娘，牵亲娘让新娘将露水鞋脱掉，只穿袜子，由牵亲娘把新娘的手拉住，由侧门直接引进洞房。进侧门前，要在门槛外放一把筛子，筛子内点一盏油灯，或者由牵亲娘将一把茅草点燃后，将筛子盖在上面，新娘由牵亲娘和伴娘牵引，伴娘绕筛而过，新娘跨过筛子，直接从侧门进入洞房，谓之"过筛子"或"过火"，表示避邪，同时象征吉祥兴旺。新娘进屋内不得见火，如遇冬季家中有火，必须用晒席将火遮住。

新娘进屋时，新郎的父母兄弟姐妹等要回避，谓之免"闯热脸"，因为"碰热气"会招致家庭不和睦。新娘入洞房后，面东而坐。当伴娘把新郎引进洞房后，伴娘双手端茶盘，请新郎新娘饮交杯茶，喝交杯酒。一般先饮茶后喝酒，茶酒都各饮半杯后互换，谓之"交欢"。

三日不同宿。苗族婚娶，成亲新郎新娘三日不同宿。三日内由送亲的女高亲或伴娘相陪，足不出新房，茶食都在洞房。三日后拜父母姑嫂，新郎新娘双双回转娘家，叫作"回门"。回门当天返回，路程远的隔天返回。回门后夫妻才能同宿。回门要送肉、面、酒等食物，娘家回礼必须有青菜、白菜等带青的菜，表示亲戚长久亲热、新娘新郎长久亲爱。婚礼完毕，请苗老师安家先，由苗老师禀告历代祖宗家中接了媳妇。在安家先的仪式中，在本宗表中写入新媳妇的名字，表示她是本宗的人了，可受到家神的保护。

六、传统技艺

官坝村人们印、染、木工、石刻和竹篾编制、渔猎等传统技艺高超，机匠、染匠、木匠、石匠、篾匠等能工巧匠远近闻名。

染坊　苗族人民心灵手巧，在官坝落户后，受当地其他民族文化尤其是土家族文化的影响，形成了一套具有混溶性特征的手工业生产方式。官坝村曾有一批利用农闲时节从事织布工作的机匠，按布匹收费，每匹布的长度等规格是确定的，满足了没有织布机的家庭用布的需要。机匠依靠传统的方法进行纺纱织布，织出的布在当地被称为土布，是棉花的自然颜色，一般会因棉花的质量不同呈现为白、乳白、黄白等颜色。织出的布一般不会直接做成衣物，要先送到染坊上色后再制成衣物等日常生活用品。如今，纺纱织布技术虽已失传，但村中年长老人还依稀记得，有几家还保留着当年的纺车和织布机。

从事印染业的手工作坊以前在官坝被称为"染坊"。在可以追溯的历史中，官坝朱姓人家开着供官坝居民染布的染坊，是一种家族式经营。据朱姓老人介绍，朱家在中华人民共和国成立前就开办了染坊，中华人民共和国成立后朱姓后人承袭家族传统继续经营，主要是为集体染布，染匠们通过从事染织获得劳动工分。后来由于诸多原因，朱家祖业难以为继，但染坊这个行当仍然存在。

染布有比较严格的技术和程序要求，从染料的选择、制作到染布的工艺都是技术含量很高的工作。首先是染料的制作，根据人手情况而有所区别，劳动力富余就自己制作，劳动力短缺则进行购买。当时的朱家染坊是一部分自己制作染料，一部分收购染料。当地人把染料称为靛。靛有土靛和快靛两种，土靛是当地百姓自己栽种并制作的，而快靛就是从市场上购买而来的。土靛的质量明显好于快靛。一般情况下，染一匹布需要三斤靛，但也会因为布质的不同而有所不同。染布过程需要用到三个大缸，每个大缸都大到需要两到三人才能合抱，这三个大缸分别是酸缸、染缸和摆缸。所谓酸缸，是放置酸水的大缸，酸水的作用是把待染的白布放入泡透，以便更容易上色。酸水的制作比较容易，把一些温水和冷水混合到一起，几天后就变质成了酸水。第二个是染缸，这是染布过程当中最关键的一步，也是决定染布质量的关键一步，一缸水可以染季布十二匹、客布十五匹。第三个就是摆缸，里面盛的是清水，把染好的布放到里面用清水浸泡，然后用碾子碾平，用竹子将布上的水刷掉，晾干后就完工了。

木匠 旧时木匠有专业分工，做房屋的称大木匠，做家具、农具的称细木匠，造船的称船木匠，做榨的称榨木匠。官坝村木匠都是"个体户"，有人家要打家具、修屋建房时便会来请。木匠有很多禁忌，木工把砍板视为柜台，任何人不得在此落座。斧头不准放置在砍板上，禁止别人乱摸。下料前都需要走墨线，放线的工具称为墨斗。木工出门做工不挑担子。相传鲁班有一天出门干活，让木马驮运工具担，木马急驰如飞，鲁班疾步追赶，但只扯住了工具担的一边，另一边被木马驮走了。因此，鲁班每逢出门就只背一只木工箱子，不再挑担子了，后世相沿袭就形成了这样一种习俗。

旧时建造房屋、制作家具的主人，一般先要请个掌墨师傅，然后找一般木匠配合做工。下料、画墨线均由掌墨师傅决定，然后再交给副手进行加工。有的人家建房屋或制家具需工不多，就只请一个能掌墨的木匠师傅带一两个学徒工。官坝村的木匠师傅技艺高超，除建房外所有的生产生活用具，如床、桌子、柜子、箱子、凳子、椅子、洗脸架、盆、锅盖、户斗、耆子、蜂桶、木臼、船、风车、神龛、拖车等，都可都请木匠自行打造。

石匠 官坝的各类石具颇多。石匠师傅大多打制水井、猪槽、石墩、石磨、地舂、石碾、马槽、石磙、墓碑等。石匠一般是个体，上门做工，替人家修整石磨、地舂等石具。旧时搬运不便，开采石头也困难，当地人克服了重重艰险，将一块块笨重的石料打造成一件件实用美观的用具。石磙是用来碾压稻、麦穗，使稻、麦脱粒的农具，将轭道、绰子套在牛肩上，让牛拖着石磙在收割的稻谷

篾匠（张燕丽 摄）

或麦子上不断碾压，使之脱粒。臼是舂米用的器具，可由石头或木头制成，用石头制作的叫"石臼"，用木头制作的叫"木臼"。石磨是旧时用来将稻米、小麦、大麦等磨成粉的工具，也可磨豆浆、米浆，制成豆腐、合渣或米粉等。

篾匠 篾匠一般为男性。竹制品在官坝日常生活中非常常见，是生活必需之物，故篾匠师傅也很多。官坝的篾匠并不脱产，一般为农忙时干农活，农闲时在家做些篾器，赶集时拿到集镇上去卖，也有村里人委托制作，做完直接给对方。他们也制作一些大型竹器，如竹床、箩筐、簸箕、晒席、背篓、筛子、竹桌、竹椅等。大型竹器工序烦琐，需要经过劈篾、捶篾、扯丝、套花等工序。挑担篾匠多出售小型竹器或修理竹器，如修竹床，补箩筐、筛子等。官坝有"七竹八篾"的习俗，即七月砍竹子（早伐会生虫），八月开始劈篾做各种篾器。生活中竹制品非常普遍，有晒席、鱼篓、茶叶篓、背篼、苑兜、筛子、筅箕、簸箕、囤子、箩兜等。

渔猎 穿村而过的忠建河鱼虾丰富，当地人练就了高超的捕鱼技巧。忠建河又名牛草河、勇洞河，源出高乐山镇龙家界村下柿子坪，南流经咸丰县城，曲折北上经宣恩县至恩施入清江干流。主河道全长117千米，流域面积1881平方千米。忠建河水量充沛，水质好，内有品类繁多的鱼类，如鲫鱼、鲤鱼、白片鱼、团鱼、白甲鱼等，丰富了官坝人的食物来源，也发展了当地的渔猎技艺。官坝村基本家家备有渔网和鱼篓，闲时打鱼狩猎。捕鱼工具主要有钩子、网、卡子、虾扒、罾、竹簸（小竹一端削尖利）等。原始的捕鱼方法是赤手摸鱼或用锤击石头，将鱼震昏，待其浮出水面捕捉。如遇枯水季节，便用茶枯饼发酵，制成毒鱼的茶枯粉，倒入河中，将鱼毒昏或毒死后捞取。

官坝人一般用线网和条子网进行捕鱼。撒网捕鱼也有两种方式：一种是直接在浅水处撒网，捕捉浅水区的鱼类；另一种是驾船到大河中撒网捕鱼。还有徒手捉鱼的方式，不过此种方式需要很高的技巧，一般来讲，徒手捉鱼捉到的都是较为安静的鱼类，如一种叫老实鱼的鱼类，它非常懒惰，不喜移动，即使被人抓到手里也不会动弹。还有黄骨头鱼、泥鳅也可用手捉到。官坝人的捕鱼工具是一种较为狭长的小船，用杉木制作而成，因为杉木具有质轻而防水防蛀的特点。官坝人捕鱼的目的是自给自足，故不会大肆捕捞，也非常注重河流的生态平衡，不会在鱼产籽的时候捕捞，无意捉到的小鱼也会将之放生。

官坝四周山上树木林立，野鸡、金鸡、野猪、鸟雀是常见的猎物。中华人民共和国成立前，苗家男子腰上有"四件宝"，即牛角火药盒、铁砂篓、火镰、烟荷包。中华人民共和国成立初期，高山上的苗族男子仍携此"四件宝"。牛角火药盒是用水牛角制成，即将牛角按需要的长度锯断，大的一端用木板做成一个底子，牛角尖一端作为进出口，用一根长三四寸（约10厘米）的竹筒制成一个塞子，叫"药码子"。药码子既是塞子，又是用来衡量火药用量多少的量具，一般打野鸡用半码火药，打麂子用一码药，打野猪用一码半或二码药，打虎豹一类凶猛野兽用二码半以上的药量。铁砂篓又称撒子篓，用精细竹篾织成拳头大小的篓子，形状有圆形、锥形、椭圆形，非常精致，是苗家人用来装铁砂的工具。火镰是用火镰石、火镰（二寸左右的长形或椭圆形纯钢块制成）、火草瓢一起撞击取火的工具，火镰、火镰石、火草瓢用火镰包装在一起，火镰包一般用动物皮或绣花布做成，非常漂亮。烟荷包是用来装烟用的，用动物皮或绣花布做成，也可将猪尿脬吹气胀大挂干制成，用它装烟既不回潮，又耐用。农作物成熟季节，苗族农家分片在旱地里搭棚，防止野兽吃苞谷，发现野兽，吹牛角号，遥相呼应，迅速集合狩猎队围捕。

苗族男子都是打猎能手。进山前要敬梅山神，既保平安，又寄托迅速捕获猎物的愿望。打猎获得的野兽，实行原始的分配制度，平均分配。路过的行人，吼声相助，同样能得到一份，即"山中打鸟，见者有份"。境内苗家人打猎方法很多，单独打猎除带上火枪外，还带有大小各种"套"，这种套是用上好的棕丝做成，猎物一旦上套，就很难逃脱。有套野兽脖子的，有套野兽脚的，还有各种鸡套、麂套、野猪套等。还有一种叫"榨"，用几根木棒扎在一起，上面放上重石头，将榨用两根木棍挑起悬空，挂上机关，猎物进入榨内，机关运动，将猎物杀死。苗族男子长到18岁，老一辈就教他们使用枪和打猎的方法；小孩十一二岁时，都跟大人们上山捕猎。农闲是打猎旺季，猎兽往往到百里之外，一去十天半个月，甚至一个多月，饿了吃干粮，晚上大家一起住岩洞。苗民性情强悍，追赶野兽时，草鞋穿烂了，就赤膊光脚，野兽入洞，就随之入洞，野兽翻山越岭，就随之翻山越岭，直至打死或捕获猎物为止。如遇猛虎、豺豹之类，亦与之搏斗，有时人兽俱亡。

七、能人辈出

民国时期，官坝村陆氏、滕氏、夏氏家族积极参军抗日，保家卫国。全村有烈士陆耀弟、陆耀达、夏刚玖、朱允志、滕幺娃、陆显孝、陆文显和李长平八人。陆耀弟曾在民国时期任咸丰县县大队长，陆耀达在民国时期担任宣恩、咸丰、来凤三县边防主任，为保一方平安，挥洒青春热血。

除抗战烈士外，官坝村还有多位有较高声誉的文人、医生等。陆一卿是官坝少有的教书先生，他十九世纪七八十年代出生，53岁时去世。官坝流传这么一句俗语："只有鼎罐煮馍馍①，没有鼎罐做文章。"在那个年代，大家都不注重读书，而陆一卿是少有的文化人。当时的学堂是在自己家开设，有人来请就去教，学生有十几个。有些人家里没钱，陆先生也让他们义读，启蒙第一本书是《三字经》，然后是《百家姓》。后来当地出现了土匪，陆一卿被推举去做民防团长，并且连任三届。陆先生铁腕手段，平息了匪乱。当时有一个夏家人，为谋求家族财产，狠杀自己族人，把自己父亲杀死了，还要杀自己的儿子。旁人赶紧去请陆先生，陆先生得知，过去劝阻："你杀了一代不能杀二代啊……"，那人才停手，夏家人因此才得以延续。夏家人也因此非常感谢陆先生，把他当作救命恩人，尊之敬之。陆一卿在任期间，民风开放，社会安宁。他还担任过宣恩、来凤边防主任，为三地人熟知、敬重。

陆平东是官坝一方名医，具体生卒年代不详，据说他可封刀接骨。以前村里有个木匠，在一次帮人家修房子时，房梁不慎倒塌，他正在里面修整木料，来不及躲避，被压断三根肋骨，当时就不能动了，立刻被人送进医院。医院医

---

① 馍馍，读作 mangmang，饭食之意。

生检查后说不好治,应马上静养,得两三年才能休养好。可木匠当时正接了一份活,要赶工,便不顾阻拦离开了医院,找到陆医生。陆医生看过后,帮他接了骨,让他静养一段时日,一个月后当地人就看见他又开始做木工活了,而且精神十足,完全看不出受过伤。

遗 珍

/Yizhen/

坪坝营镇马家沟村
——王母洞

王母洞位于坪坝营镇西南部的马家沟村，距坪坝营镇6000米，镇外环路纵贯全境，东与梨树坝村、旋场坝村接壤，南与青岗坝村、大铧尖村交叉毗邻，西与青岗坝村相连，北与中坝村、梨树垭村相邻。马家沟，一说原名马夹沟，因地形而得名。传说王母洞对面山有十二猿猴，在一次过江中，一只母猴跨过去后，河水大涨，导致后面的猴子过不去，眼巴巴地望着前方，母猴又回头遥遥望着其他猴子，这一场景又形似马鞍，故被村民称之为马鞍山。王母洞西边的山名马神尖，从青枫坝往里走是一条狭长谷地，而村民都沿着地势在沟中修

王母洞全貌（田孟清 摄）

居建屋，因而名为马夹沟。另一说，平坝与山脚结合部有一条溪沟流过，该溪沟沿岸曾有马姓人家居住，故名马家沟。马家沟村辖13个村民小组，全村437户1537人，王母洞为其中的一二组，共计220人，位于村委会西1000米，经过梅子垭的狭窄路口、顺着环镇公路往前，便可见散落在马鞍山下的灰屋老宅，靠山环林，公路穿梭，溪流激荡，传统民居熠熠生辉。

王母洞既是一座洞穴的名字，也是一个生产组的名字，还是一个古民居的名字。相传天上王母娘娘下界路过此地，见此地青山绿水，环境优美，洞府幽深，便在山洞居住了一段时间，故名王母洞。王母洞所在山体系喀斯特地貌，俗称龙古石山。洞口悬在山腰绝壁上，被灌木丛掩盖，俗称"进洞"，自下而上有羊肠小道相连；于山体背面，另有隐秘尾洞通向野外，俗称"出洞"；洞分若干层，每层又有若干分岔，洞中有山，洞中有洞，洞中有水，洞底有河，几乎镂空整座山体。中华人民共和国成立前，这座洞穴因地势险要、易守难攻而成为当地百姓躲避战乱、匪患的"要塞"。那时，近邻的百姓在洞口修建房屋，常将金银细软、粮食油盐藏在洞里，并备有床铺、锅灶、柴火，危急之时，男女老幼立马进洞，再用大石头封住洞口，只留瞭望孔、射击孔，凭借火铳、梭标，安然自保。二十世纪六七十年代，王母洞作为一个生产小队，后在联村时合为一组，现延续20世纪80年代的分组成为马家沟的一、二组。

王母洞作为一个古民居，位于洞口对面500余米的山腰，是蒋家古居所在地。蒋家先祖蒋维明从湖南武陵同古里蒋家坪迁徙，先至湖南慈利雷家山，清雍正初年（1725年前后）迁至咸丰经商，定居王母洞，后家道勃兴，修葺宅院，形成现在王母洞四合大院规模。四合大院内，一、二组交错杂居，有住户28户，其中蒋姓16户，其余兼有各姓，系土地改革时期，蒋家作为地主，财产被没收，分给帮工、佃户等穷困人民居住，村中耄耋老人对此还保留有些许记忆。

蒋家古居现存6个土家吊脚楼院落，系清乾隆年间所建，是咸丰县保存最为完好、最为古老的吊脚楼建筑群之一。房屋依山而建，自然地形成了凌空吊柱的形式。四合院天井的四周各有一栋四列三间木屋，形成一个正方形整体。靠外面的三方屋沿顺着山势悬空延伸，形成一个楼高约14米、立柱18根的回廊式吊脚楼。因损毁形成的4个撮箕口形状的三合水吊脚楼,依山就势一字排开。靠近村委会的一栋古居保存最为完整,四合天井清晰可见,踏着青石从侧门走进,院落的整体便映入眼帘。一角的百年紫薇探出屋檐,生长旺盛。正中安置的水缸,雕刻着精美的花纹。据居住于此的老人回忆,院落繁盛之时,每到饭点,院子里便满是人群,围坐在四合院里,品尝食物的同时嬉语浅笑、闲聊近况。进上院,穿天井,过下院,上阶台,6个独立的吊脚楼相连互通。院坝全部为青石板铺就,阶沿采用"型条石"砌筑,柱基高且形状多样,多个相叠,雕以花纹、刻以文字,达到防潮的同时兼具美观效果。石板铺地,青苔蔓生;阶沿抬高,四周相连;楼下有潺潺溪水,四周有巍巍群山,青青石坪上鸡犬相嬉,回廊上老孺相依……一幅和谐的农家画卷。

蒋家古宅全景(田孟清 摄)

曲江镇十字路村

——侗族风雨桥

十字路村是古时由湘、由楚进川的重要关口，也是重要的盐茶贸易通道，独特的地理位置让这里形成了当时有名的十字路集。十字路因碗厂坪至打鱼泉、唐家沟至青枫树两条人行大路呈十字形交叉于街头，故名。十字路村现下辖龙洞湾、碗厂坪、打鱼泉、官山坝、唐家坳、张家沟6个自然村寨和1个十字路集。

作为咸丰（丁寨）与来凤（大河坝）的交接之地，十字路是咸丰、来凤彼此出入的重要关口以及龙山—来凤（大河）—东岭坳—咸丰（丁寨）—黔江盐茶运输通道必经之地，盐茶等重要生活物资往往经此运输。十字路作为一个小"集村"（而非镇），原为丁寨区的一个管理区（片区），不仅有行政机构和人员，而且有相应的学校、卫生院以及粮油（粮站）和供销等分支机构。如十字路粮站，在实行联产承包责任制以前，就曾负责周边6个村（大队）的公粮收购、储存。供销社除收购农副土特产品、供应农资、农具、盐布等生活用品外，还曾办有一个茶叶加工厂，加工农户交来的生茶。

一、文化遗产

汉代铜釜 1982年3月，在十字路村春沟出土汉代铜釜一个，形为侈口、圆腹、环底，腹周长1.2米，重达7000克，左右有虎首浮雕式耳各一对，烟熏痕迹明显，属生活用品，证明在汉代已有人在这一地区活动。

侗族风雨桥 风雨凉桥是十字路村一张靓丽的名片，它是鄂西地区一座具有代表性的侗族风雨桥。风雨凉桥始建于清嘉庆年间，原名斩龙桥，相传由清王朝诰封朝议大夫秦朝品捐资建造。桥为亭阁式木结构长廊，横跨野猫河上。桥全长75.14米，五墩四跨；每孔净跨10米，共16个孔，宽4.5米，通高8.78米，两边偏檐，顶上盖瓦，廊中间有高耸的亭阁，檐角高翘，玲珑有致，早年供有神像。桥廊12间，两侧条木为凳，是人们夏日纳凉和过往行人休息之处。河中青石砌成的3座菱形桥墩，至今坚固牢实，完好无损。桥身除部分柱、枋、梁朽坏及桥面木板更新外，全桥风貌依旧。曾有诗人蒋遂龙作《咏侗家风雨桥》曰："洞清泉白浪翻，飞流直下过高滩。横空一道彩虹架，南北通途一线连。"民国五年（1916年）翻修，1987年、1999年、2003年县文化主管部门先后3次维修，使凉桥保持原貌，1992年被列为省级文物保护单位。面对通行量日增的形势，为减轻负载压力，保护文物，20世纪80年代，在其下游约30米处，政府出资修建了一座载重石拱桥，使得木桥交通，得以更好地保护。

十字路侗族风雨桥（田孟清 摄）

白帝天王庙 十字路高滩曾有白帝天王庙，为黎、王、赵三姓（现已绝嗣）人所建。原在高坝，明末清初迁至高滩，增修鸾楼叠立于白帝天王庙之上。清代中期又增建观音阁于白帝天王庙的后面，组成两进，前殿供奉白帝天王，后殿供奉观音大士等神像。内有大鼓、大钟、大磬。庙地10余亩。天王庙累招和尚祭祀，每月初一、十五撞钟击鼓。每年三九会期，各族人民至庙朝贺、拜佛、请药、抽签、向喜等。民国初年，从重庆酉阳溪口招来彭和尚及其侄女，后又相继招来冉和尚及徐和尚二人，都因亵渎佛规，在群众中声誉扫地，因而香火渐淡，朝拜者少。至民国三十年（1941年），祠宇倾危，寺院颓空。中华人民共和国成立后，残祠改建成高滩小学。

二、烽火岁月

咸丰四年（1854年）左右，碗厂坪、尖山卢区沟等地，用木炭为燃料，烧制碗、坛、罐等土陶器，碗厂坪也因此而得名。

民国六年（1917年）冬，土匪邱华廷、张锡宾、冉树斋等先后占据县城，奸掳烧杀，哭声载道，从碗厂坪至丁寨徐家巷子，10千米内烟火冲天，烧毁民房两百余栋。民国七年（1918年）三月七日土匪退出县城，附近人家被洗劫一空，掳去妇女两百余人。团总杨芝香倡导第三十六团防联合抵御匪患，提出宣恩、来凤、咸丰三县"互保共保"的主张，于民国九年（1920年）初成立三县联防指挥部，杨芝香任指挥官。

三、名人故事

唐云清（1913—1980）。他一岁半时父母双亡，被亲戚收养。7岁起就给地主放牛、当长工。及长，娶一贫家女子为妻，小两口终年勤扒苦做，交租后仍所剩无几。民国二十年（1931年）闹春荒，唐云清去向东家乞借，受东家奚落侮辱，愤然外出。4月初到来凤，适遇贺龙率红三军路过，便参加了红军。唐云清参军后先给九师师长段德昌当通讯员，1931年10月调任贺龙警卫员，直到1936年9月。他跟随贺龙南征北战，立下了累累战功。

唐金铨（1936—1978），土家族，9岁入塾，小学毕业后以优异成绩考取初中，因家境窘迫辍学。唐金铨既是一位出色的民间歌手，又是一位出色的民间诗人，人们誉他为咸丰的"王老九"。他扎根农村的深厚土壤，熟悉民俗、民风、民情、民心。中华人民共和国成立后，他的艺术才华得以充分发挥。19岁时他的名字就开始在报刊上显露，他收集整理和创作的民歌、花灯词、鼓词，分别在《咸丰报》《恩施报》《湖北日报》上发表，他成了各级党报上的专栏作者。他创作的大型曲艺鼓词《曲江血泪》《曲江巨变》《鹏飞拒亲》《说倒媒》等先后在《湖北日报》等报刊上发表。1978年夏去世，时年42岁。因其独特的贡献，被载入《土家族民间艺人传记》。

四、百年老集

十字路集场大约建于1908年，街长约300米，宽约3米，面积约0.03平方千米，石板路面，石砌阶檐。下街头风雨桥边立有一罗汉石碑，高5米，宽2.4米，上端雕有一个罗汉半身像，正面刻有"国民建设、商业交通"八个大字，毁于1967年。中华人民共和国成立前，集镇上有8家客栈，还设有小学、私人药店和盐行、布行、棉花行、米行、猪牛骡马行，尤以猪牛骡马行远近闻名。据说中华人民共和国成立前，贺龙曾几次到这里做骡马生意。他头包青丝帕，身穿黑短褂，群众亲切地称他"贺马客"。十字路集场是当时全县最大的牲畜交易市场，据1930年6月出版的《湖北省各地金融市况》披露，"每场贸易辄达万元"。民国以来，十字路集场为咸丰第二团防驻地，被团防大队长邓仲礼和保长杨仲川控制。群众形容说："邓门一只虎，劳人活遭殃，杨姓收地稞，甚过活阎王。"中华人民共和国成立以来，由于公路和汽车运输事业的迅速发展，该集场经济地位下降，现为十字路村两委驻地，街上设有诊所、商业、供销等服务设施。这里逢农历五、十赶集，每场有700~800人，集市贸易活跃，集市上的土特产有茶叶和生漆等。

五、传统习俗

十字路有过赶年的习俗。土家人过年，月大时是腊月二十九日，月小时是腊月二十八日，比汉族提前一天，名曰"赶年"。这一习俗，许多土家人至今还保留着。十字路高滩罗姓土家，吃完赶年饭，合家大小还要头戴面具，身披短裰，手持梭标长矛，到山上去奔跑一趟。

花屋是十字路村的一个自然村寨，流传着一个有关"花屋"故事。相传很久以前，穷苦人家的大力汉孝敬父亲的行为感动了龙神，龙王将公主许配给大力汉，两人结为夫妻，公主将破旧房屋变为花屋，过着孝敬父亲、男耕女织的幸福生活。故事表达了当地人对幸福生活的美好向往。

十字路村地处交通要道，因集市而兴盛，历经百余年，基本格局犹存，百年老集仍然发挥着商贸功能。此地人杰地灵，能文能武，当代的十字路人继承了先辈优秀传统，使得丰富的文化遗产得以传承。一座桥，沟通两岸商贾；一个集市，云集八方宾朋，桥与集见证着十字路村的春夏秋冬。

小村乡大村村

——中共湘鄂西中央分局大村会议旧址·韦氏七雄

大村村隶属于咸丰县小村乡，东北、西北方与利川市接壤，西南与小村乡喂龙村接壤，南临小村乡田坝村。大村初名永兴场，后因村庄、田坝比距此14千米的永太场规模要大，故在咸丰年间（1851年左右）改名大村。大村村四季分明，环境优美，乡风文明，百姓安居乐业。境内溪流交汇，蓝河蜿蜒前行，

云雾山中出好茶：大村村茶场（王亚辉 摄）

数座奇峰拔地而起，参差秀美，雨后初晴，或浓或淡的云雾缠绕山间。远远望去，依山而建的土苗院落与秀美的茶园、清澈见底的蓝河水相互依托，构成了一幅美丽的田园风景画作。

大村村总面积30.8456平方千米，其中耕地面积5265.3亩，林地面积33221亩。全村共设8个村民小组，现有563户2210人。大村村经济作物以茶叶、花生、白术为主，种植茶叶4200余亩、花生500余亩、白术300余亩。境内有中共湘鄂西中央分局大村会议旧址、红军临时后方医院等革命遗址，是典型的红色革命老区。在党和政府的英明决策和领导下，大村人充分发挥先辈的聪慧才智，以茶产业为基础、红色旅游为依托，大力发展乡村经济，一个美丽的红色乡村正在逐步建成之中。

一、大村集场

横亘东西、勾连南北的古老盐道，纵横延伸于川黔鄂湘数省市。川盐济楚，是川盐发展史上一段辉煌的历史。鄂西自古缺盐，咸丰作为川盐入楚的必经之路，商贾云集。在咸丰这片土地上，也诞生了许多因盐而兴的集镇。早在清乾隆年间（1736年左右），就在今大村村委会所在地开设集场（集市），名为永兴场，取永远兴旺之意。大村人农历三、八赶场（现农历五、十赶场），每逢场期，百货杂陈，人群接踵而至，以其所有易其所无。

大村集场呈东西向，青瓦房屋，泥土路面，石砌阶檐。1954年春，客栈、药店等二十余栋房屋失火烧尽。在党和政府的关怀下，大村人民在废墟上重建新街。新街长约210米，宽约5米，面积约0.03平方千米。设有中茶站、商业、供销社等门市部和中小学校、诊所等单位。

二、韦家大院

大村村传统建筑以韦家大院最为典型，韦家大院位于大村村境内轿顶山下

大村村的韦家大院（王亚辉 摄）

连五间。韦家大院既有生态院落群的清幽与闲适，也深具古朴院落的儒雅与文明。清雍正末年，韦氏首领韦国梁携家人从贵州思南来到湖北施南咸丰唐崖司，当到达大村村龙门时，韦国梁见此地山清水秀，认为是上好风水宝地，便落脚定居于此，开始修建这些木结构房屋。韦家大院依山就势而建，掩映在青山绿水之间，视野开阔，美观大方，是土家人民智慧的结晶，蕴含着土家族独特而浓厚的民俗风情。

三、红色文化遗产

1933年10月，贺龙等老一辈无产阶级革命家辗转湘鄂西，来到大村村，留下了中共湘鄂西中央分局大村会议旧址、红军临时后方医院等革命遗迹，老村部旁边的韦家院子更是谱写了"一门英烈，韦氏七雄"的悲壮赞歌。

中共湘鄂西中央分局大村会议旧址　中共湘鄂西中央分局大村会议旧址是湖北省重点保护文物,位于大村集场,原为当地土豪朱海峰住房。1933年12月19日至22日,夏曦(中央分局书记)、贺龙、关向应等在大村召开了中共湘鄂西中央分局会议,讨论了湘鄂西边区失败的教训和当时的任务,并根据当时的形势,决定向重庆酉阳、秀山、黔江、彭水发展,创造新根据地。从此,开启了红三军新的革命征程。

中共湘鄂西中央分局大村会议旧址是目前恩施州保存最完好的石木结构文物,房高12米,共有3层,房间20间,面积280平方米。一层四周为青石围墙,设置有便于射击的枪眼4个,有当时红军宿营的炊事班住所及召开群众大会的大厅;二层为当时领导的住所、警卫班住处、小会议室和医务室;顶层有各类小房间供临时宿营。

中共湘鄂西中央分局大村会议旧址(王亚辉　摄)

红军临时后方医院　距中共湘鄂西中央分局大村会议旧址以北约5000米,在大村村连五间,有一座雄姿挺拔、型如轿顶的山峰,当地居民称之为轿顶山。

红军临时后方医院就坐落在轿顶山下。1933年10月,贺龙率红三军辗转千里,来到大村村,军中有20多名伤病员。村民韦广宽擅长医术,他毅然担当起这些伤病员的主治医生,并将其住房腾作红军临时后方医院。先后3批红军伤员在此医治,经过他和家人的悉心治疗和照料,80多名伤病员全部痊愈回到了部队。

四、一门英烈,韦氏七雄

韦广宽(1884—1936),又名韦玉堂,咸丰县大村人,土家族。他自幼聪慧,文武兼习,亦攻医术。1933年11月,受红三军之请,救治红军伤员,与红军结下不解之缘。1934年带领亲属十余人组成韦家父子兵,后被红军收编为咸丰游击大队,任大队长,傅忠海为政委。韦广宽无私无畏,一心扑在武装斗争上。他于1935年加入中国共产党,率部粉碎国民党军围剿,抵桑植与红六军团一部会合,后编入红五师十三团,参加长征,历任红五师十三团团部书记长,师部书记长。在向贵州西部进军的作战中负伤,仍随军前进。1936年6月,病逝于西康白玉附近。此外,韦广宽的二子韦定富、四子韦定安、五子韦定官及女婿朱平安、外甥朱平松、族侄韦定贵等先后为革命英勇牺牲,可谓满门忠烈,后世尊称他们为"韦氏七雄"。

曲江镇魏家堡村

——白岩观·穿洞

魏家堡村位于咸丰县曲江镇东北部,距离曲江镇人民政府约2000米,距咸丰县城约10000米,恩黔高速从该村凌空而过,对外交通便利。魏家堡村东北与春沟村相连,南与曲江村接壤,西北邻杨家寨村,西靠高坡村。魏家堡居住的人口以魏姓为主,原籍江西临江府新干县正一里金凤乡凤凰山。先祖魏毓川于明隆庆元年(1567年)迁徙咸丰县的丁寨、茶园。

魏家堡村地势以高山为主,兼有小部分平地地形,是传统的农业村。曲江河流经湾田、渔塘坪、曲江村,在野猫河与高滩河汇合,流入魏家堡川洞。该地属于亚热带湿润性气候,雨热同期,四季分明,雨量充沛,年平均气温在15~17℃,日照时间长。森林覆盖率高,植被资源丰富,有国家一级保护树种银杏、水杉等,国家二级保护树种水青树、香果树等。

一、传统民居

魏家堡的传统民居是干栏式建筑。结合高山地理位置,顺应自然,背依山坡,面向开阔群山。其建筑多以木质结构为主,屋顶盖青灰色泥瓦,房屋立柱和板壁多采用杉木,房屋立柱之间用长短不一的木枋穿孔连接,有正屋和厢房两个部分。吊脚楼的建设由家族内的能工巧匠设计完成,在房屋的装饰上多采用传统的符号、图腾等元素,干栏和窗栏上雕刻有如"福""万""喜"等象征吉祥如意的文字和花鸟虫鱼等图案。

二、白岩观

白云山是魏家堡的一个山名，因道教建筑立于白云山的白岩峭壁上，故名白岩观。白岩观修建于乾隆初年，道观为三进木房，两个天井，里面供奉有神像。魏家堡人的生产生活与道教信仰息息相关。为了祭祀祈福，人们经常到白岩观烧香拜佛。当人们的愿望得到实现后，会再次回到白岩观还愿。自修建白岩观，这里长年烟火不断。1952年，供奉两百多年的佛像被毁，道观遭到破坏，变成了道教白岩观遗址。现今，尚存的部分房屋是农户的住房。

三、穿洞

魏家堡的穿洞是天然形成的洞穴奇观，是因流水侵蚀、化学风化，经过千万年的地质运动形成的特有的溶洞。穿洞属于典型的喀斯特地貌，石灰岩受水的侵蚀作用将一座山溶为上下两洞，曲江河和野猫河两河从下洞流入，上洞形成自然的天生拱桥。天生拱桥将穿洞与外界分隔开来，里面植被茂密，四周群山环绕，抬头便能看见蓝天白云，让人心旷神怡。进入洞穴后，可看到自然形成的大大小小、各式各样的岩石面貌。当前，曲江镇在春沟村、魏家堡村、杨家寨村三个村的交汇处，北接巨型天然洞穴穿洞，南至野猫河和曲江河的汇流点，东起丁寨内八景之一的白岩观，建设一个以美丽乡村旅游为核心，集休闲农业、乡村旅游、休闲度假多功能于一体的综合开发项目。

四、名人故事

魏连船是魏家堡的名人。魏连船（1893—1962），字鸿舟，丁寨（现曲江镇）魏家堡人氏。毕业于南郡中学，习文练武，身怀绝技，执教50年，曾出席全国及华中运动会，两度登擂，荣获文虎金章及嘉禾锟牌，一时名闻遐迩。魏连船工诗能文，收集整理县内文人著述，编抄成集，名为《瀑泉精华》。之后，又整理岳家武术以及梧栖山庄诗文集，永留于世，所作《咸城八景》文采斐然，收录于《咸丰县志》。

清坪镇庄房坝村
——向家大院

庄房坝村隶属咸丰县清坪镇，位于清坪镇西南方向，距清坪集镇15千米，是一个典型的土家族聚居区。总面积8.16平方千米，耕地2345亩，林地9891亩。因田坝从前属于李姓庄房，故名庄房坝。下辖8个村民小组，现有475户1633人。

庄房坝村最具特色的当属土家吊脚楼。吊脚楼依山就势，多选择在靠近生产生活需要之地建造，遵循"散处溪谷，所居必择高峻"的原则，远取其势，

庄房坝村的向家大院（王亚辉 摄）

近重其形，趋吉而避凶。庄房坝村吊脚楼大多于清末民初建成，层层叠叠、鳞次栉比。其中，建筑保存最为完好、规模最大的当属田沟湾向家大院，呈现出系统的人造聚居景观风貌和土家儿女独特的审美情趣。据向氏老人介绍，向家先祖向明才与秦、田、黄三家一同迁徙到清坪，关于这一段历史，至今还流传着"秦挑担，向牵狗，田黄打空手"的故事。清中期，向家耕读持家，勤于教育，育子有方，后人向廷玉中得秀才。村里有恶霸陈龙、陈虎、陈象、陈奎、陈魁五兄弟欺压百姓，秀才向廷玉将恶霸陈家五兄弟告上官府，使陈家五兄弟中一个被关到施南府，两个被关在省府。现在向氏后人已传11代近300人，聚族而居。向家大院建筑布局集中、连成一体，掩映在古树与翠竹之中。大院大多为吊脚楼，房屋全部为卯榫结构，吊脚楼在主柱的支撑下，楼台高悬，正檐青瓦，配雕花廊柱，细格木窗，气派大方。

庄房坝村部分清代精雕石碑古墓保存完好，这些石碑古墓高都在2米以上，雕工精巧，或散布在田间地头，或隐匿在荒草树丛之中。其中雕刻最为精美的是建于光绪年间的朱公墓，墓前立着一座六柱五间三重楼阁式的石牌坊，堪称是石雕艺术的精品。石碑上雕刻有墓主姓名与悼文，遒劲有力，字体优美。上方雕有精美的缠枝花卉等图案，千姿百态。墓碑的飞檐之下还雕刻着人物形象，栩栩如生。墓碑上雕刻的各式图案，是土家人对灵魂世界想象的具体表达。土

朱公古墓（王亚辉 摄）

家族人相信，人死之后进入极乐世界，因此墓地的雕刻庄严肃穆中又不乏灵动。

庄房坝人勤劳勇敢、乐观开朗，在艰苦的环境中创造了丰富的民俗活动，至今各种民俗活动依旧传承得较好。在老年人谢世之后，他们举行具有独特而浓烈的民族色彩的打绕棺仪式。打绕棺是咸丰地区土家族丧葬活动中的民间表

演艺术,是土家族传承千年的民间艺术"活化石",体现出土家儿女豁达的生死智慧。打绕棺,又称"穿花""跳丧""打安庆""穿丧堂"等,用亦歌亦舞的方式悼念逝者,是土家族丧葬祭祀活动中最具特色的部分,融吹、打、跳、舞于一体。打绕棺起源最早可追溯到《隋书·地理志》中记载的"绕棺"。表演时,锣鼓音乐伴奏,道士围绕棺木歌舞。

小村乡中心场村

——回龙塔

中心场村位于小村乡西北方向，距乡集镇 7 千米，东邻小林果村，南靠荔木村，西接白果村，北与喂龙村相连。中心场村居住的村民最早是从四川、江西、贵州、湖南地区迁徙而来，村民以少数民族为主，其中土家族、苗族占比例较大。1958 年公社化时名为乐园大队、红旗大队，因其地处小村、大村、李子溪、小沙溪的中心点，故在 1981 年咸丰县地名普查时更名为中心场大队，辖 12 个生产队，2 个自然村寨。1996 年建立小村乡，中心场大队更名为中心场村，现辖 13 个村民小组，共 654 户 2475 人。中心场村属于山地地形，境内山峦起伏，沟壑纵横，地势特征为四周高中间低，喀斯特地貌明显，小村乡蓝河发源地小蜡壁沿河两岸，蓝河流经此地，汇入唐崖河。村庄内有一百多个山头，具有代表性的为高山大寒尖。

中心场集镇历史悠久，人文荟萃。中心场村有名乡贤张国运于 1933 年曾在小村街上"禹王宫"设馆时写《竹枝词》咏景十首，描绘当年交易盛况。

几曲巴歌当竹枝，人情每到老来知。
世风不必辅轩采，一笔搜罗入小诗。

纳凉移馆禹王宫，莫奈喧哗闹市中。
局外何须瞰孟子，从来尧舜与人同。

日中为市闹洋洋，二七期临共赶场。
男女无分同拥挤，平权女子自由郎。

小小乡场十几家,半开烟馆作生涯。
虽云僻壤非商埠,夏有生漆春有茶。

一水之旋浇凤坡,场前场后牛羊多。
每逢夏日夕阳里,盈耳洋洋牧子歌。

路便盐商时往来,肩挑背负实劳哉。
团防设税又官税,纳罢税钱心暗摧。

回龙塔 距离小村乡中心场村西1000米处的半山上有一座五层空心石塔,名为回龙塔,于2011年7月被列入咸丰县重点文物。此塔建于清道光二年(1822年),坐北朝南,五层空心石塔,一至四层为平面长方体,顶层为八面体,逐层内收,宝盖顶。塔高5.8米,底边长2.05米,底层向阳,有一个很大的门洞,门洞上面刻有铭文,记录着建塔经过,现已风化,字迹不清,底层上方写有"□天

回龙塔(王徐 摄)

主三圣宫回龙塔",底层东西两侧刻有铭文,字迹不清。二层也有一个门洞,两侧刻有文字,字迹不清。据《湖北咸丰风景名胜诗联选》记载,小村中心场三即溪回龙塔联为"在昔恩加川也四,于今德沛楚之三"。"中心场三即溪(詹子溪)侯氏,从四川迁此落户,为保一方平安,议修此塔(开天主、三圣宫、回龙塔。三圣即川主、土主、药王)。塔始建于清道光二年(1822年)壬午岁孟冬。"此说也得到了村里一位老人证实。他说,传言是居住在周围的村民,为祈求风调雨顺,集资修建此塔,塔上记录当地地名为三即溪,现今回龙塔所在之地名为詹子溪。

沿着中心场村走约 1000 米,可看见茂密的森林,因这里生长着大量的茶树,并以大寒尖主峰、三边峡谷为界形成一个独特的环形台面地形,故称茶油台。境内奇山林立,坡地为阴阳对峙的多面坡,最高海拔为 1900 多米,站在大寒尖山顶上可以俯瞰整个集镇。茶油台原始森林面积约 200 亩,辖区内的森林覆盖率达 98%,有着国家级保护树木银杏、杉树、香楠、水杉等 20 种珍稀树种,树龄多有上百年,该地有 60.6 亩古树群落,2～3 人合围的大树有几千棵,最大的树需要 4～5 人牵手合围,现今挂牌保护的上百年的树有十几棵。

古树参天(王徐 摄)

茶油台原始森林之所以能够保护得如此完整,依赖于龙姓家族的守护。相传,清乾隆元年(1736 年),因洪灾影响,居住在贵州的龙姓三兄弟从贵州迁到湖北地区,其中两个迁到利川市沙溪乡,最小的龙再八一家迁到中心场村茶油台半山腰,成为茶油台第一批居民。据原始森林第九代护林员龙德光回忆,先祖龙再八因洪水逃难于此,四处购买土地,定居在半山腰,从此不再受洪水的侵袭,故将此地看作风水宝地,并定下规矩"不许毁一棵树",世代居住在茶油台的龙姓家族字辈为"再正通胜秀永心世德方",现已有十二代人,一直守护着这片森林。龙家长辈龙心家常常教育子辈,不能忘记祖先遗训,不准砍伐森林。自茶油台原始森林纳入集体以来,龙姓后代一直守护着这片森林,谱写着一段护林传奇。

清坪镇泗大坝村

——冉十万楠木老宅

泗大坝村，又称泗坝，地处清坪镇西北方向，距清坪镇政府约13千米，距咸丰县城42千米。泗大坝村南邻羊头山村，西南与溜沙坡村相接，东北与比西坪村相连，西北与窝凼坪接壤。泗大坝村海拔600米左右，四周群山环绕，蓝河流经此地，土壤肥沃，植被丰富，生长着大量红豆杉、古桢楠等国家重点保护树种。村中有一个自然形成的很大的山洞。相传很久以前，因其特殊的温度和湿度，利于储藏酒，村民便利用这一优势在山洞中酿酒保存，故此山洞有"山中藏酒洞"之美誉。当前，泗大坝村正在此处建设酒庄，预计可储藏10万公斤酒。

相传明朝初年，陈友谅兵败，其后人被朱元璋追杀，陈友谅一曾孙逃到此地，从此隐姓埋名，定居于此，取秦姓，在此繁衍发展成泗大坝一个家族。除此之外，泗大坝还有周、冉、李三大姓。1958年，该地被称为光芒大队，大队驻地在中村，位于清水塘镇西北13千米的公路旁，1981年地名普查时更名为泗大坝大队。现今，泗大坝村共有13个村民小组，724户2756人。

泗大坝村有着悠久的历史，培养了大批历史名人。据朱家家谱记载，先祖朱太渊勤练武功，村内河

冉十万纪念志（高元武 摄）

边有一块地曾是他专门练武的地方,他曾中过武举人。

清道光年间,曾有一传奇人物冉奇常,又称冉十万。冉氏家谱记载:"冉奇常年幼时期父母双亡,家境贫寒,以捕鱼为生。其年稍长,受雇于大鱼泉李氏家中。因其为人忠厚,做事勤谨,深受李氏青睐……入赘李家。成家后,辛勤耕织,家道渐丰……购置田庄,定居于官渡坝。后计建房于泗坝中村,雇请数十石工开凿宅基,在其基地挖出一石,形如一口猪槽上下扣合……石工数人用钢钎来撬,皆撬不开……夫妻二人亲自到场动手……石槽被撬开,里面系白银,计五千余两……公于是广置田庄,上自大村张高、沿小村、泗坝一带,皆为其购买,下到尖山屯浦坝,以及县城大坝,都有良田为公置有。自公后数代富冠郡邑,于是遂有冉十万之称。"冉奇常作为当时的大户人家,从不以富自居,常为人排忧解难,造福百姓。在他未发迹之时,曾受一黄姓欺凌,在黄姓家道中落后,冉奇常不计前嫌,为黄姓老夫妻安排住食,使其夫妻安享天年,得以善终。同时,他关心族中事务,调节族内纠纷,如"菖蒲塘族间出一逆案,公以白银一千二百两调和"。不仅如此,冉奇常教子极严,不许奢侈,以耕读为本,忠孝传家。冉十万的后人为他设立了一块纪念志。

除此,周家家谱记载:因自然灾害,(先祖)从贵州思南府印江县凯堂大神礅迁居过来。相传第五世祖周锡照、周锡万兄弟二人身强力壮,性格刚毅,为人正直,不欺善怕恶。后来皇帝宣诏"赐周家兄弟官服一套,官印一枚"(此物因火烧木房已毁)。

冉十万老宅(王徐 摄)

武陵山地区是楠木等珍稀树种的生产地,明清两朝多次在湖南、湖北、四川等地采集楠木。冉十万在中村修建的二进四合院老宅现只保存一部分,有8根楠木柱子,目前在此房屋居住的是贺家。据村委书记介绍,村内房屋曾以楠木为柱子的人家有王顺国、朱远伦、秦忠明、聂平万、秦远德、冉龙勇、冉龙寨、秦永录、秦中凡、秦丙然等十几户，尔后因有人收购楠木，他们就将自己的老屋拆了，把楠木柱子卖了。同时，政府在流经泗大坝村的蓝河中打捞了很多楠木，现存放在小村乡人民政府附近。可见，泗大坝村曾生长大量楠木。

从流经泗大坝村的蓝河中打捞出的楠木（王徐 摄）

在泗大坝村的二道水处现存一户传统建筑，房屋内现存一口天井，这里居住的是从湖南迁居过来的李姓人家，现今已有十几代人，当前在这座房屋居住的是李方伦、李武成两兄弟。相传，这所房屋之前是驿站（客栈），蓝河是盐、茶商贩的必经之路，此驿站成为他们歇脚的地方。因之前河床很高，运输到此的商品直接上下搬运，因而没有码头的痕迹。

朝阳寺镇鸡鸣坝村
——清代朝门

鸡鸣坝村位于朝阳寺镇东北部，距集镇约15千米，属亚热带季风性湿润气候，降水充沛，阳光充足。村落四周高山峻岭，绿水环绕，山明水秀。鸡鸣坝村辖9个村民小组，共725户2760人，全村面积11.4平方千米，其中山林面积13050亩、耕地面积5968亩。鸡鸣坝村获评"2015—2016州级文明村""2017、2018年度恩施州美丽村庄"及"2019年度省级生态村"荣誉称号。

鸡鸣坝一瞥（孙小棠 摄）

鸡鸣坝村最初由覃、田、黄、向四姓在元朝末年从外地迁入，逐渐形成村落，后发展为覃、田、陈、李、刘、熊六大姓。关于鸡鸣坝村的由来，据当地村民介绍，传说鲢鱼泉是个相对狭窄的地方，为了方便行走，想在此修座桥，有师徒二人打赌，鸡叫前谁先把桥修好谁就成功。当徒弟把石头运到河边的时候，发现师傅快把桥修好了。眼看要输给师傅，着急的徒弟学起了鸡叫，骗过了师傅……直到现在还有大石头矗立在河边，似乎在印证着这个传说。

一、覃门田氏贞节牌坊

覃门田氏贞节牌坊位于鸡鸣坝村泗渡河畔的一个小山丘上，东距泗渡河500米，南到马家营2千米，西与顶头湾相连，北距斑竹坪500米。据当地人介绍，牌坊田氏夫人为来凤人。清嘉庆年间，田氏作为覃府的童养媳来到咸丰，丈夫覃空过世早，此时的田氏才十几岁。后来，兄嫂覃连夫妇也因病去世，留下了一对儿女覃元珠与覃元芬。田氏一生勤劳，终身未改嫁，把侄子、侄女抚养成人。后田氏因病去世，侄子、侄女为表达养育之恩，立牌坊纪念伯母田氏，彰显其忠贞不贰的美德，并垂范后人。

覃门田氏贞节牌坊建于清道光十四年（1834年），整座牌坊均为沙石结构，气势恢宏，精雕细琢。牌坊共有三进，第一进为"海坝"，长5米、宽2.6米；后两进上三台长5米、宽0.3米，台阶高0.2米，正中便是"覃门田氏贞节牌坊"。牌坊高4.5米、宽5米，四柱三间，中间门大，两侧门小。三间门均以

覃门田氏贞节牌坊（孙小棠 摄）

整石为坊，角下刻有花草为装饰，坊中上刻有渔、樵、耕、读等浮雕装饰。牌坊中门宽而高，门楣处印刻着"唇楼飞舞"，两侧门分别刻有"玉兔分光"和"金

鸟齐寿"。牌坊中门背面雕刻有铭文,两侧门分别刻有"云英生色"和"雪梅争辉"字样。"唇楼飞舞"旁两柱正面刻有"表志坤功卷耳歌同万载间 石铭母德葛覃咏继千秋后"的楹联;背面刻"延石廷壤孤儿可谓孝矣 克俭克勤伯母儿永忠乎"。但年代久远,字迹不清,还需考证。

二、马家营清代朝门

鸡鸣坝村三组马家营,现存一个庄重古朴的朝门。该朝门建于清咸丰三年(1853年),为八字朝门,飞檐翘角,蔚为壮观,充分彰显出为官之后覃有的身份等级。朝门宽而气派,门楣处悬挂着"皇恩宠锡"牌匾,左侧门书写着"唐崖京兆科考三级禄位高升",右侧门书写着"宝庆知县官阶六品皇恩宠锡"。正门两边挂两幅木刻人像,为门神秦叔宝和尉迟恭。

马家营清代朝门(孙小棠 摄)

据资料记载，覃有（1814—1864）出生于咸丰县朝阳寺镇鸡鸣坝村马家营，家境贫寒，从小酷爱读书，通过三级科考，榜上有名。膝下有四子。1852年任湖南省宝庆府知县，1864年8月15日在宝庆刘家大湾去世，后用驮马驮回老家马家营安葬。据当地人介绍，覃有十年寒窗苦读，后通过科举考试，进入湖南宝庆府县衙门做官。此朝门为自己修建，马家营现存的只有朝门，之前朝门旁还连接着覃有家的宅子，为三柱二骑结构、一正两厢房木结构的民宅，后被拆除。

三、百年古树

杉罗汉是鸡鸣坝村的一个院子地名，院子里古树参天，其中有一棵235年的古杉树，因树干形如罗汉肚，所以被称为杉罗汉。杉罗汉分四株，树高20米左右。距离古杉树不到5米，还有两棵135年的枫香树展现出勃勃生机，一大一小，由此得名夫妻枫。夫妻枫树高30米左右，大的树围约3.5米，小的树围约3米。

杉罗汉（孙小棠 摄）

夫妻枫（孙小棠 摄）

除此之外，还有一棵 300 年的古朴树和钩锥树，经风吹雨打，依旧挺立。据当地人介绍，鸡鸣坝村有七八棵古树。

鸡鸣坝村水色山光，丛山峻岭，峰回水绕，风景似画。泗渡河穿村而过，碧波荡漾，翠绿的山坡上，土家吊脚楼里飘起袅袅的炊烟。凤舞朝阳，鸡鸣天下，新的时代，鸡鸣坝村用自身的魅力正在书写着新的篇章，展示新的画卷。

唐崖镇大水坪村
——严家祠堂·严氏眼科

大水坪村属于咸丰县唐崖镇，距咸丰县城 45 千米、距唐崖镇政府 14 千米。村域面积 12 平方千米，其中耕地面积 2635 亩、山场林地面积 12465 亩。全村辖 14 个村民小组，共 581 户 2195 人。大水坪村的三、四、五组有 116 户 527 人，主要以严家祠堂为主。

严家祠堂　严家祠堂又称龙洞祠堂，是咸丰县保存最完好的家族宗祠建筑，1992 年被列入省级文物保护单位。建于清光绪元年（1875 年），光绪三年（1877 年）竣工，总面积 736 平方米，现存主体分为门厅、天井、正厅三部分。

严家祠堂为砖木结构四合院，纵长形平面布局，院落前 15 级台阶通向正大门，

严家祠堂（孙小棠 摄）

正大门为六合门，旁边还有两组侧门，同为六合门。前为门厅，中为天井，后为正厅，两侧边有长回廊连通。门厅成拱形，面阔三间，两侧窗户上分别刻有"孝悌忠信""礼义廉耻"字样。门厅后为一正方形天井，天井正中置一"风水池"，俗话说"山管人丁水管财"，风水池的修建给祠堂带来财富，又可防

六合门（孙小棠 摄）

火灾。风水池正后方修建一镂空盘龙石雕。盘龙石为一整块石头雕成，镂空锈刻"主龙归位""二龙抢宝""鲤鱼跳龙门"等图案，龙鱼相交，蜿蜒盘旋，交相呼应，精巧别致，可谓是精雕细琢出精品，匠心独具悟神技。现除"二龙抢宝"的石球损毁外，其余保存完整。正殿前镂空盘龙石雕上方建有一座重檐两层抬梁式亭阁，由四个雕刻石墩和两尊石狮柱支撑。左为公狮，脚踩绣球，口中含一颗滚珠；右为母狮，怀抱幼狮，雕刻精美，舐犊情深。石狮柱基地四面分别刻有"郯子寻鹿""杨香打虎""辕门斩子""岳飞接母""鹬蚌相争""孟宗哭竹""陆凯折梅""单刀赴会"八个故事的写意图案。

母狮（孙小棠 摄）

雄狮（孙小棠 摄）

亭阁顶层设有一间专为家族议事的场所，一般人不可入内，透露出家族领导的威严、所议之事的神秘。与亭阁相连的是面阔三间的大堂，大堂后壁正中设有严氏祖宗牌位座龛，牌位座龛左侧为"光武故人标汉代"的楹联，右侧为"剑南节度制唐朝"的楹联，上悬"敬宗收族"金字牌匾，是族人祭祀行礼之所。两侧墙壁嵌石碑十数块，左边铭刻"族规""戒规"；右边刻"奖励章程""创建祠序"，字体朴茂工稳。严家祠堂除正面外，其余三面外墙均用青砖围砌成墙体，门厅为弓形山墙，堂屋为五花山墙，墀头均做脊饰、檐口饰以彩绘。正厅及亭阁抬梁上详细记录了建筑始建年代及工匠姓名。

据严家后人介绍，中华人民共和国成立前每一年清明与冬至的前一天都举办祭祖仪式，1976年后，大型祭祖活动终止，直到1978年后，又慢慢恢复。而后，严家祠堂共举办过两次大型祭祖活动，2004年因严氏家谱的发行举办了第一次。2007年举办第二次大型祭祖活动——湖北咸丰来凤严氏宗亲联谊会，参加人员不仅有本姓氏的人，还有其他姓氏的代表以及咸丰、来凤县政府及乡政府代表，盛况空前。

严家祠堂距今140余年，相对而言保存完整，威严庄重的严家祠堂充分体现出在封建社会宗祠建筑的崇高地位，家规家训内容在严家祠堂得以充分展示。严家祠堂的正厅两侧墙壁上嵌有几块石碑，分别刻有《创建宗祠序》《宗祠规序》《首士戒规六条》《祀典严规十五条》《增美奖章六条》《释回惩章十二条》。

族规家训（孙小棠 摄）

亭阁前的天井正中鱼池石壁刻有《王士晋宗规》。字里行间，无不透露出严氏对族人的严格管理，以及对族人的行为规范的谆谆教诲。《首士戒规六条》中的第三条规定："首士与族中议事，不许私行贿赂。违者一经查出，取与一归公议罚。"清白做人、廉洁自律、不徇私情、不谋私利，这不仅是中华民族传统为官准则，也是新时代党员干部担当作为的道德基础。《增美奖章六条》中写道："在馆文武者诸生遂月一课，一二等量给膏火，以示鼓励，庶几人文蔚起。"这与当今资助贫困读书儿童相契合，认同知识改变命运，同时存善待之心，鼓励奋发有为者，严氏家族助学育人的故事在当地流传至今。

这些沉甸甸的族规家训让严氏家族福照家门富生辉，人丁兴旺，成为当地豪门大族，也与今天提倡的传承好家风好家训、勤正廉洁等均有异曲同工之处，至今仍有许多可取之处。严家祠堂从建筑文化、木雕石刻、民俗文化等具有较高历史、艺术、文化研究及社会价值。

严氏眼科中医疗法 咸丰严氏眼科创始人严雪樵祖籍贵州印江县峨岭寨，清中叶迁入咸丰唐崖镇大水坪村。严氏眼科已有两百余年历史，被称为咸丰四大名医，已被评为省级非物质文化遗产。

严氏眼科自清代末年便闻名于湖湘川楚之间，东至宜昌，西至重庆，南至长沙，北至万县范围内，登门求医者络绎不绝。严雪樵家人世代书香，幼年得庭师贡生刘某悉心教授，后又延聘马河名医吴赫武在家课医两年，继请四川万县眼科大夫万某课医三年。他遍读中医经典及《审视瑶函》《眼科大全》《目睛大成》《银海精微》等医学典籍。数年后严雪樵成为远近闻名的眼科医生，18岁时便在家开铺行医，后又将药铺迁至尖山寺场上，由其子严子祥主管，又聘马河萧二元为掌柜。严雪樵平时在家处方，逢场则去坐堂应诊。民国十六年（1927年），其被任为尖山团总两年，仍坚持行医。严氏眼科中医疗法擅长治疗外障眼疾蟹睛翳、突珠翳、鱼泡翳、花翳白陷、胬肉攀睛、绿水灌瞳、黄水灌瞳，内障眼疾白内障、暴盲、云雾移睛等疑难症，并在长期实践中总结出"外障者风凌、血结、气滞，内障者劳神、肾虚、血少"十二字诀的病因机制。

严氏眼科中医疗法疗效神奇。据传，县城田某患蟹睛翳，走路如蟹横行，经治即愈。马河范某患突睛翳，严处方治剂，患者服药后感觉疼痛，严嘱继续服药，后果痊愈。两河口一林业工人患畏光症，畏光不能视物，严施一剂即愈。他医德高尚，治病不分贫富，也不论有钱无钱，总是来者不拒，随来随诊。远者住诊，不计时间，治愈为止。他常告诫众弟子："医生应崇尚医德、医风，注重伦理，应心正意诚，有术有道，克己救人。"民国二十五年（1936年），鸡鸣坝村有个人到唐崖司用土法接种牛痘，收费很高，且要先付钱。他知道后，慷慨捐出大洋18元，为多个无钱交费的儿童接种。每当天花、麻疹、痢疾、疟疾、流感等传染病发生或流行时，他便在尖山寺场上摆摊施药。中华人民共和国成立后，严雪樵年逾古稀，仍继续献身于人民的卫生事业。1952年与其子（也是著名眼科医生）开办尖山长坪联合诊所。

黄金洞乡大沙坝村
——千年川盐道

大沙坝村位于咸丰县黄金洞乡南部，地处东经109°、北纬29°之间，平均海拔830米，面积23平方千米，东与黄家村毗邻，西接尧坪村，南临龙家院村、青岗园村，北与向家寨村、金洞司村相接。大沙坝村整体北靠老鹰岩，南望鼎子山，东依方印山、笔架山，西有尹家岩、狮子岩。老鹰岩两侧余脉仓堡上、坟坡上似双手伸向远方，远望如"双手捧官帽"。黄家岩、尹家岩、狮子岩、笔架山、方印山犹如五头狮子，俗称"五狮闹楼台"。大沙坝村内有大沙坝、沈家坝、沙坪坝，三坝合于一村。大沙坝村属北亚热带季风气候，四季分明，气候温和，雨量充沛。土家族世居于此，吊脚楼沿山脚而建，村落布局沿河谷成带状分布，凸显了民族文化独特性和生活的智慧。

元至正六年（1346年），大沙坝村属金峒司辖区，明洪武五年（1372年）为大田军民千户所之守御区。清朝置智信里，隶属古贤乡，又称虎先乡，后辖于咸丰县。中华人民共和国成立后，地名历经变革：沙子坝村—大沙坝公社—胜利大队—大沙坝村。大沙坝村的雷姓曾出资捐建大沙坝小学教学楼一栋，三间三层。

清同治年间，太平天国翼王石达开部队途径大沙坝入川，此地居民呼之为"长毛贼"，大沙坝村仍流传长毛"火烧屋基"的历史记忆。民国时，宋希濂第八团在此驻留，时称"乱八团"，与当地居民多次发生枪战。1928年12月，贺龙率红四军抵达，收编神兵（民国时期，川渝地区的农民为反抗苛捐杂税自发成立的武装组织）40多人，获步枪20余支、手枪2支。1933年8月上旬，贺龙派副官胡国林再次前往黑洞、大沙坝等周边村寨，动员神兵参加红军。神兵首领庹万鹏当即率20名手下投奔红军，后又有100余神兵成员加入红军。

大沙坝历史文化悠久，村内分布有百年老宅、川盐古道、张飞庙、斋庙、和尚堡等遗址。还有游家院子、吊脚楼、古墓碑等古建筑；大沙坝的兴衰，与盐业贸易关系密切。由于有川盐古道，往来客商众多，大沙坝附近有多处"店子"，即商贸集市，今村委会前的空地处便是当年的一处"店子"，盐池附近亦有"店子"一处，过往商旅多集中于此休息、餐饮、交易，较为繁华。大沙坝村周边山上有溶洞覃家洞，其内可以熬制硝，硝是制作火药的重要原料，土司王曾将覃家洞改造为兵工厂。

大沙坝村是川盐入湘鄂分销的重要渡口。大沙坝村旁边山间有唐崖河支流，此处呼之为王家沟，经油房沟、金洞寺（寺）河口，最后汇入龙潭河，大沙坝是重要水上交通枢纽地。当地呼之为"盐池"的地方便在河流旁边，堤岸一片平坦之处，历史上曾建有仓储及简易码头，堤岸上有一大蓄水池，此处便是盐池所在地。由此而上，古盐道遗址依稀可辨，石板层层叠垒，蜿蜒曲折卧于山坡上。

据历史记载，清时由川入鄂的官盐先进入鄂西的利川，然后依次途径恩施、咸丰、来凤等。清光绪年间，丁定桢编纂《四川盐法志》卷八《行盐截验道里表》中记载了两条途经黑洞（今黄金洞）、大沙坝的盐道：其一为沸滩—大溪口—走马场—马头场—磨刀溪—利川县城—黑洞—咸丰县城—忠堡—来凤县；其二为上接利川盐道，盐道依次途经利川—理智坳—红椿—毛坝—黑洞—咸丰县城。两条线路均经过黑洞周转，而黑洞即便是今黄金洞的前身，大沙坝距其不远，有河流相连。依据大沙坝村现在仍然存在的盐道石板古道、盐池遗址来看，大沙坝正是处于古盐道的交通线上。

大沙坝村有一座山，名曰"坟坡上"。当地人熟知，此山坟包遍布，坟头极多，无碑更无后人祭祀。据大沙坝村熊安贵老人介绍，山上坟头多是无主坟。作为盐道必经之路，此处"背子客"、挑夫、马帮极多。背子客，即以身承商品，往来各处贩运的商人或者专业搬运人员。据推测，此坟头极有可能是古盐道上行走的"背子客"，客死异乡后葬于此山。

忠堡镇马倌屯村

——与马结缘

马倌屯村位于咸丰县忠堡镇，距咸丰县城 13 千米、距忠堡集 6 千米，面积约 9 平方千米，有 4 个村民组，共 358 户 1200 余人。平均海拔 740 米，主体为群山环抱的山间平坝，森林覆盖率高达 86%，现有耕地 1260 亩，林地近万亩。

马倌屯村口，耸立着一座枣红色的马匹雕塑。这是马倌屯的标志和象征，既承载、蕴含着它的历史，也表明了当今马倌屯人奔腾不息、奋勇向前的决心。放眼望去，处处一片片长势良好的瓜果蔬菜，一垄垄色彩艳丽的花卉、彩稻，一条条纵横交错的游道，置身其中，犹如进入了陶渊明的《桃花源记》所描绘的桃花源场景。平坝边沿四周，是一栋栋依山而建、整齐美观的现代砖混小楼，前花果后草木，安谧而静逸。可见，马倌屯村已是一个产业兴旺、环境美好、乡风文明的现代化美丽乡村。

马倌屯的"现代"景观背后隐藏着较厚重的历史文化。一是"马倌屯"的名称。因此地为湖南龙山—湖北来凤—咸丰—黔江盐茶古道的必经之地，从来凤（革勒车）到咸丰，运输盐茶的马夫翻越梅子丫后，往往需要停马休整、歇息，再赶路到黔江。长此以往，"马倌屯"这一地名形成。二是在著名的"忠堡大捷"战役中，马倌屯老百姓不仅踊跃参军参战，而且把自养、用于骑行驮物的枣红马送给红军，为战斗胜利作出了重要贡献。"忠堡大捷"是红军长征期间红二、红六军团的一次重要战役。1935 年 6 月，为牵制国民党军队围剿中央红军的力量，贺龙、任弼时、萧克率红二和红六军团来到鄂西，并在来凤、咸丰交界之地的忠堡组织实施了忠堡战役，歼敌 4000 多人，后称"忠堡大捷"。为纪念此战胜利，教育后人牢记历史，当地政府在战场遗址修建了烈士陵园和纪念碑。

马倌屯民间还流传着一个石马的故事：传说很久以前，马倌屯风调雨顺，五谷丰登。但突然有一个时期，农作物总是被糟蹋破坏，收成大减，百姓顿时陷入穷困。为弄清缘由，村民家家户户晚上手持火把守护庄稼，终于在一个漆黑的夜晚，发现了一个怪物，疑似在偷吃玉米，于是众人齐上，准备捉拿，当追赶到大旺口的梅子丫半山腰时，天色已明，发现竟是一匹马，但不是活马，而是石马，于是众人将马头砍下，从此马倌屯恢复了往日的安宁。这个故事表达了马倌屯村民祈求平安的愿望。

无论是自养的枣红马、盐茶古道上的无名马，还是盗啃农作物的石马，都说明马倌屯与马有着不解之缘。

马倌屯村民的房屋大部分原为三开间三柱二骑或三柱四骑的木结构建筑，随着近些年村里经济的发展，村民收入的提高，越来越多的村民把木房改建为砖混结构，只有少量仍保留传统木结构。

马倌屯村民姓氏比较集中，林、姚、龚、吴、曾为五大姓，每姓都有 20 户以上，总计超百户。

曲江镇渔塘坪村

——中国航空第一人秦国镛

渔塘坪村位于咸丰县曲江镇西南方向，紧邻曲江镇政府，黔张常铁路、恩黔高速公路和丁甲旅游路从腹地穿过，交通便捷。渔塘坪村占地10.6平方千米，耕地面积1560.79亩，林地面积8990.1亩，主要以玉米、水稻、蔬菜种植为主；辖8个村民小组，共1037户3132人，以土家族、朝鲜族、汉族为主，有秦、丁、滕、金、田、沈等姓氏。因曲江河阻隔，一、二、三、四组与五、六、七、八组隔河相望。渔塘坪村钟灵毓秀，人杰地灵，孕育了许多出类拔萃的人才。

林麓口为渔塘坪村一组，有241户636人。沿353国道驶进，顺着村路下行，一座石碑便映入眼帘。石碑位于秦家大院遗址处，高约3米，为纪念"中国航空第一人"秦国镛而立。秦国镛（1876—1940），北洋政府陆军中将，中华民国空军创始人，又名秀镛，字子壮，土家族人。1913年，创办中国第一所航空学校南苑航校，亲任校长，有"中国航空第一人"之美誉。他创造了中国航空史上的多个"第一"：第一个驾驶飞机飞上天空的中国人；创办中国第一所航空学校；完成中国第一次航线飞行，成功飞越秦岭，是中国第一次远航纪录；完成中国人第一次飞机夜航；组建中国历史上第一支独立飞行大队等。1917年，张勋复辟之时，秦国镛驾机散发传单，轰炸清宫，逼迫清帝二次退位，有"再造共和"之功。1926年解甲归田，创办华陆石工厂和华陆商行。1931年4月，参加在南京召开的第一次全国航空会议，提出《由军事航空机关组织航空国防会议详筹全国航空国防计划案》等14项重要提案，为我国航空事业作出了突出贡献。其子秦家柱子承父业，入南京航空学校求学，毕业后留校任教。抗日战争爆发后，秦家柱起飞迎敌，击落来犯敌机，成为中国第一个击落敌机的飞行员，淞沪抗战时壮烈殉国。

秦国镛的父亲秦钟岳（字沄洲），也是一位文武兼备、忠义正直的人。壮年时高中武秀才，后报国从戎，成为湘军悍将鲍超手下的一员猛将。他曾远赴越南抗击法军（中法战争），屡立战功，官至游击花翎都司（正四品，从三品待遇），封武威将军、昭武大夫。秦钟岳虽是习武出身，却偏爱书香，文学造诣也颇深，著有《豹皮诗集》，所以给孩子起的名字也是内秀风雅，譬如他给大儿子起名叫秀彰，字子文。

秦秀彰（1870—1944），字子文，18岁时考中秀才，入邑庠。清末，中国外忧内乱，民不聊生，秦秀彰目睹乡民贫病交加，立志从医。于清光绪十六年（1890年）在家设堂（延龄堂）行医，开馆课读，日则在堂应诊，夜则授生经史。民国元年，被推举为县临时议会议长。次年议会解散，秦秀彰誓绝仕途，重操旧业，申言"不为良相，当作良医"。秦秀彰自幼博学，除经史外旁参医典，家藏医书千余册，无不熟读细省，深钻苦究，并遍访名医，采各家之所长，并结合临床实践加以应用。秦秀彰行医治病五十余载，医术渐精，对内、外、妇、儿等科无不融会贯通。"四诊"合参，"八纲"辩证，均熟谙自如。尤对"望诊"更有独到之处，施治每每奏效。秦秀彰积数十年临床之经验，较诸家各论之短长，省医理药性之奥妙，辨中草药之伪劣，汇诸文字，著成《玲珑医鉴》《中草药考证》《验方集锦》等书，留下了宝贵的医（药）学遗产。秦秀彰先后授业，门生达50余人，文道并重，强调"医以道德为重、济世救人为本"，门生李东轩、秦家樾、杨承久、刘惠卿等人在中华人民共和国成立后成为各级医院的骨干医生。其子秦家樾（1905—1976），得其真传，成为咸丰县著名老中医，是咸丰县人民医院的创办人之一，后任县人民医院副院长，1958年被选为湖北省人大代表。

秦家原有祠堂，繁盛之时有"文官下轿、武官下马"的说法。1937年，为适应武汉会战的需要，民国政府军部在汉口组建了133后方医院，1942年春迁至丁寨，将医院设于秦家祠堂。孕育了秦家三代的秦家故居因修建恩黔高速于2010年拆除，现在遗址处树有石碑，以记历史。

参考文献

[1] 咸丰县史志办. 清同治四年 民国三年咸丰县志校注[M]. 武汉：湖北省武汉市天一印务有限公司，2012.

[2] 咸丰县志编纂委员会. 咸丰县志[M]. 武汉：武汉大学出版社，1990）.

[3] 咸丰县志编纂委员会. 咸丰县志 1986—2005[M]. 北京：方志出版社，2011.

[4] 黔江土家族苗族自治县县志办公室. 黔江史志资料选编 1-2[M].1986.

[5] 中国人民政治协商会议咸丰县委员会文史资料委员会. 咸丰文史资料 第3辑[M]. 1991.

[6] 湖北省咸丰县政协学习宣传文史资料委员会. 咸丰文史资料 第6辑 咸丰的中国第一[M]. 香港：中国文化出版社，2003.

[7] 政协湖北省咸丰县委员会文史资料委员会. 咸丰历史名人传（咸丰文史资料·第十三辑）[M]. 北京：学苑出版社，2018.

[8] 牟廉玖. 湖北民族地方戏剧曲艺集萃[M]. 北京：民族出版社，2001.

[9] 谭大江. 道教对联大观[M]. 北京：宗教文化出版社，2002.

[10] 裴国昌．中国名胜楹联大辞典（上、下册）[M]．北京：中国旅游出版社，1993．

[11] 周伟民，安治国．咸丰县民族志[M]．武汉：湖北人民出版社，2006．

[12] 谢一琼．咸丰县非物质文化遗产概观[M]．济南：黄河出版社，2015．

[13] 刘德山．湖北咸丰风景名胜诗联选[M]．恩施：恩施三利印刷厂，1999．

[14] 咸丰县政协文史资料委员会，唐崖土司城遗址管理处．唐崖土司城址[M]．武汉：湖北人民出版社，2015．

后记

恩施州传统村落历史文化丛书之《咸丰县传统村落》是咸丰县第九届政协编纂的第十八本文史资料。

己亥春，国家民委民族文化传承与发展创新团队、中南民族大学南方少数民族历史文化研究团队受咸丰县政协委托，承担"恩施州传统村落历史文化丛书咸丰县传统村落"的调查编纂工作。而后，丛书编写团队老师率领课题组成员及硕、博研究生深入恩施土家族苗族自治州咸丰县调查，各项工作有序开展。

咸丰县地处武陵山腹地，民族文化浓郁，乡土特色厚重，孕育了一批独具特色的传统村落。这些村落具有重要的历史文化价值、较高的艺术价值、多元的科学价值，是点缀武陵文化沃土的明珠，是区域历史文脉传承和乡愁记忆的载体，是中华民族优秀传统文化的典型代表，是铸牢中华民族共同体意识的重要载体和平台。我们基于中国传统村落名录和中国少数民族特色村寨名录，选取典型的村落作为调查样本，记录、展现传统村落历史文化的风采。

本书的编纂历经数次调查，几易其稿，其中又遭新冠肺炎疫情。项目负责人中南民族大学副校长段超教授主要负责丛书整体体例设计和理论指导。课题调研和各村落撰写由中南民族大学李然教授、田孟清教授、王亚辉老师、冉文老师，长江师范学院莫代山教授、刘安全教授，以及中南民族大学民族史专业高元武博士和民族学硕士研究生张柳丹、字荣耀、王才道、梅娇、马晓炜、李文艺、张燕丽、王春阳、孙小棠、王徐、凤达茜等完成。2019年6月，课题组成员在李然教授带领下，分赴10个重点村落进行了深入的实践调查，并完成了重点村落初稿。2019年11月，李然教授再次率师生与政协恩施州委员会曾凡培秘书长、咸丰县政协文史委张大东主任联合对高乐山镇官坝村进行了重点调研，并就后续书稿的修改交换了意见。2020年7月，政协恩施州委员会组织丛书编委会对本书两篇样稿进行了初审，进一步明确了丛书的内容、体例、写作风格等，为后续的调研和书稿修改指明了方向。紧接着，课题组成员田孟清教授带队对12个补充村落进行了补充调查，并根据政协恩施州委员会的意见组织专家教授再次对书稿进行了修改完善。

课题调研和书稿撰写得到了政协恩施州委员会和政协咸丰县委员会的大力支持和指导。政协恩施州委员会曾凡培秘书长多次通过会议、微信、电话以及面对面的交流方式对典型传统村落和选点、章节内容取舍、史料搜集与诠释等提出了宝贵的意见。咸丰县政协党组书记、主席邹玉萍非常关心课题的调研和书稿写作，经常询问课题进展情况并帮助课题组解决调查的诸多难题。副主席刘玉学、秘书长严兴全积极参与协调工作，咸丰县政协副主席徐子轩同志亲自将课题组成员带至自己联系的扶贫点大路坝区蛇盘溪村。咸丰县政协文史委主任张大东同志、杨胜斌同志不仅安排了课题组的每次调研活动，以及和各乡镇政协联络，而且为课题组搜集整理了大量传统村落的档案资料。

在实地调查过程中，各乡镇的政协联络组长、村干部、文化精英、乡土能人为调查工作的开展作了不可或缺的贡献，他们主要有雄安贵、姚国瑞、李方庆、黄天玫、杨盛华、姜保和、姜胜泽、姜胜健、赵寿禄、龙渝池、曾宇、刘建洲、冉林、廖文斌、蒋祥文、钟应勤等。

"恩施州传统村落历史文化丛书咸丰县传统村落"在各位同志的不懈努力下，

行将付梓，在此向参与书稿调查写作的老师、同学和给予我们帮助的政协领导、村镇干部、受访群众表示诚挚的感谢！

书稿虽几易其稿，但难免有疏漏和不当之处，祈请方家批评指正。

《咸丰县传统村落》编委会

2021 年